臺灣歷史與文化 研究輯刊

初 編

第 17 冊

城隍爺出巡
——臺北市、大稻埕與霞海城隍廟會一百二十年的旋盪
（1879～2000）（中）

宋 光 宇 著

花木蘭文化出版社

國家圖書館出版品預行編目資料

城隍爺出巡——臺北市、大稻埕與霞海城隍廟會一百二十年的
旋盪（1879～2000）（中）／宋光宇 著 — 初版 — 新北市：花
木蘭文化出版社，2013〔民 102〕
目 6+170 面；19×26 公分
（臺灣歷史與文化研究輯刊 初編；第 17 冊）
ISBN：978-986-322-270-5（精裝）
1. 民間信仰　2. 臺灣
733.08　　　　　　　　　　　　　　　　　102002951

ISBN-978-986-322-270-5

臺灣歷史與文化研究輯刊
初　編　第十七冊　　　　　　ISBN：978-986-322-270-5

城隍爺出巡
——臺北市、大稻埕與霞海城隍廟會一百二十年的
　　旋盪（1879～2000）（中）

作　　者　宋光宇
總 編 輯　杜潔祥
出　　版　花木蘭文化出版社
發 行 所　花木蘭文化出版社
發 行 人　高小娟
聯絡地址　235 新北市中和區中安街七二號十三樓
　　　　　電話：02-2923-1455／傳眞：02-2923-1452
網　　址　http://www.huamulan.tw 信箱 sut81518@gmail.com
印　　刷　普羅文化出版廣告事業
初　　版　2013 年 3 月
定　　價　初編　30 冊（精裝）新臺幣 60,000 元

城隍爺出巡

——臺北市、大稻埕與霞海城隍廟會一百二十年的旋盪

（1879～2000）（中）

宋光宇　著

第七章　迎神逐疫與公共衛生

　　有關清代臺灣各地迎神賽會的情形，已在第五章第六節提及，在此不再贅述。本章就直接切入日據時代。

　　在臺灣割讓給日本的頭三年（1895～1897），兵馬倥傯，社會動盪不安，又碰上可怕的鼠疫、霍亂等傳染病的流行，死亡枕藉。霞海城隍誕辰的慶典及遊行活動中止了三年。從明治三十一年（1898）開始，這項盛典逐年舉行，一直到昭和十二年（1937）日本人發動侵華戰爭，在臺灣厲行皇民化政策，企圖切斷臺灣漢人對中華文化的聯繫，才再度停止。

　　在鼎革之際，臺灣發生了可怕的瘟疫──鼠疫。從 1896 年 5 月 7 日在臺南安平發生第一個鼠疫病例算起，到 1918 年完全撲滅為止，前後流行了二十二年之久，每年因此而病故者以千百計。在鼠疫尚未完全平服之際，又有霍亂、傷寒等疾病作亂。在 1919 年和 1920 年又有流行性感冒為禍，奪走上千條人命。日本在臺灣的統治機關──臺灣總督府──面對一波又一波的流行瘟疫，不得不採用近代歐洲熱帶殖民經驗之「熱帶風土馴化」概念與作為，諸如：隔離、消毒、打預防針等辦法，設立避病院，以為隔離治療之用。同時透過官辦的《臺灣日日新報》漢文版，大力宣導各種相關的衛生觀念以及西式治療的成效。並且要求警察機關強制執行環境清潔之道，花錢收購老鼠，每隻價格為五、六錢不等，還有抽獎活動。臺人從最初的抗拒，到配合清掃環境，加上特有的迎神逐疫，掃蕩疫氣。在官民多方的配合和努力下，終於使得鼠疫銷聲匿跡。臺灣以西醫為主幹的醫療系統也隨而奠定百年不移的基礎。

第一節　絕望的心理

　　依照現在醫學和公共衛生的認知來說，鼠疫和各種流行性傳染病的發生和傳播，一定是跟污穢、擁擠的環境有密切的關係。在十九世紀末，無論是在臺灣，或是在中國，人群聚居處的環境，從現在的生活水準來看，都是污穢不堪的。在日據之初一些日本人的記錄中，就可以印證這一點。根據日本衛生隊實查記錄云：

> 臺府街市，房屋周圍或院內，流出活水，又到處瀦流成沼，或人與犬豚雜居，雖有公共廁所之設備，而往往到處散放糞便。唯市中日本人鑿井之噴水，以鐵管供給飲用水，而其桶器極為不潔。娼婦到處暗出，其染惡性梅毒已入第三期，侵蝕至骨者，市內甚多。又臺南府地方雜亂廢棄物自不庸論，即糞尿亦到處散放堆積，街路兩旁之排水溝污水積帶，惡臭衝鼻，由域內頓入城內時，為臭氣刺激幾至嘔心。〔註1〕

明治28年（1895）樺山資英在領臺時寄給雙親的家書提及雞籠風景：

> 很難相信這是人所居住之處，街路上只見糞汁流竄，泥濘不堪的現象彷彿地獄一般，我這一生恐怕不會再遇到如此不潔的城市吧！〔註2〕

明治28年（1895）《近衛師團軍醫部征臺衛生彙報》記錄云：

> 市街不潔，人畜排泄物在街上到處溢流，被亂跑的豬隻掃食，家屋為防土匪的攻擊，幾乎都沒窗戶，因此通風採光皆不良，造成陰暗多穢氣，又犬、雞、豬和人雜居，其糞便臭氣充滿屋內。〔註3〕

小田俊郎《臺灣醫學五十年》也引述作家西川滿對基隆港的描述：

> 肚皮漲著快觸及地面的豬仔，伸長著鼻子，在路旁的垃圾堆中覓食；
> 在屋後水井邊洗菜的姑娘，旁邊老婦人正在沖洗便桶。〔註4〕

總督府技師岩田清三郎於明治三十年（1897）對鹿港的調查報告指出：

> 本地人尤其有不潔習慣，室內幾乎全無採光，污物呈堆積狀態，令

〔註1〕　井出季和太著，郭輝譯，《日據下之臺政》，臺北市：臺灣省文獻委員會編行，1956年，頁25。

〔註2〕　樺山資英傳刊行會編，《樺山資英傳》，臺灣大學圖書館所藏，1942年。

〔註3〕　《近衛師團軍醫部征臺衛生彙報》，1896年5月，頁11～79。

〔註4〕　小田俊郎，《臺灣醫學五十年》，日本東京：醫學書院，1974年。轉引自前揭莊永明，《臺灣醫療史──以臺大醫院為主軸》，頁72～73。

人見之噁心；欲在此等不潔之室內進行消毒，其困難程度非筆墨所能形容。〔註5〕

由以上文字描述，可知日本據臺初期，一般日本人對臺灣衛生環境都感到厭惡與不屑，對臺灣人不潔的衛生習慣不僅無法容忍，而且倍感恐懼。因為相對於臺人的髒亂，日人的潔癖習慣讓他們更難適應臺灣環境。於是有「衛生的日本人」對照「骯髒的本島人」的說法〔註6〕。日人所推動的公共衛生，基本上，是在為日本人建立一個適合他們居住的清潔、乾淨、衛生的環境，改善臺人居住環境則是附帶的副作用〔註7〕。

1895 年時在臺灣北部，最大的城市是大稻埕，有 70 條以上的街道，3,802 戶，27,607 人，占臺北地區人口的 7.1033%。艋舺有 44 條街道，2,611 戶，17,903 人，占臺北地區人口的 4.6064%。〔註8〕都是人口相當密集的地方。人口密集，人群熙來攘往，就會形成了一個「高頻」波動的場域。無論是細菌也好，病毒也好，體積都非常的小，適合生存在這種高頻波動的場域之中，因此，真正促成病毒傳播的原因應該是這個高頻波動的場域，不一定是污穢的環境。

依目前流行的醫學知識來說，污穢的環境和密集的人口是傳染瘟疫最理想的所在。鼠疫、霍亂、傷寒、乃至於流行性感冒，就發生在這樣的環境中。

很諷刺的事實是原先髒亂污穢、人群雜沓的環境並沒有引發鼠疫。真正的鼠疫卻是由愛清潔的、講衛生的日本軍隊帶進臺北的。跟現代有關疾病、公共衛生概念完全不符。面對這種矛盾的狀況，該如何詮釋？是一件棘手的事。

藉用「賽斯書」所提出的概念：「身體的症狀是內心世界的反映」〔註9〕，

〔註5〕　許賜慶編譯，總督府檔案專題翻譯（四）衛生系列之一，《臺灣總督府公文類纂衛生史料彙編》（明治 29 年 4 月至明治 29 年 12 月），V00148/A005，臺灣省文獻會印行，2000 年，頁 147。

〔註6〕　蔡素貞〈日據時期臺灣人對日本文化之迎拒：殖民性、現代化與文化認同〉，中國文化大學史學所博士論文，2008，頁 52。

〔註7〕　蔡素貞，2008，頁 115～119。

〔註8〕　魏德文主編，高傳棋編著，《臺北建城 120 年》，臺北市政府文化局，2004，頁 22。

〔註9〕　美國人珍‧羅伯茲（Jane Roberts, 1929～1984）從 1963 年開始，每週有兩次「出神狀態」，口授一位自稱是「Seth」的高靈所傳達的訊息，由她的先生 Robert Butts 速記，整理成一系列玄學書籍。通稱為「賽斯書」。全系列的主旨是說「你創造了你自己的實相」。在 1979 年，Seth 開始講群體事件。更進一步的主張：「我們私人的衝動，就是要提供發展我們自己的能力的原動

來看十九世紀末在臺灣所發生的鼠疫以及其他致命的流行疫疾，就會有比較
合理的解釋。在割讓之際，臺灣人民完全心碎了，在心理上，陷入了絕望的
境界。詩人邱逢甲在離開臺灣之前寫下千古名句：

> 宰相有權能割地，孤臣無力可回天。
>
> 扁舟去作鴟夷子，回首河山意黯然。
>
> 捲土重來未可知，江山亦要傳人持。
>
> 成名豎子知多少，海上誰來建義旗？

這首詩充分表達了這種絕望的心情。絕望的心情不只出現在文人墨客身上，
也出現在一般市井小民的身上。在市面上，稍有經濟能力者，都買棹內渡。
商人薈集的艋舺、大稻埕、臺南等地，更是一片愁雲慘霧。這種絕望的情緒
在社會上蔓延，讓一種帶有「絕望」「滅絕」信息的病毒獲得良好的發展地盤。
於是，死亡率非常高的鼠疫病毒欣然入侵，肆虐於人煙集中、商業鼎盛的大
稻埕、艋舺與臺南等地。既然是「信息」層面的出了問題，臺灣人民抬著神
像，遍行大街小巷，來掃除疫氛，也就成了順理成章的事。

第二節　十九世紀末的鼠疫

在人類的歷史上有三次大規模的鼠疫流行，死亡枕藉，影響深遠。第一
次鼠疫大流行是在西元六世紀的東羅馬帝國，起源於埃及的西奈半島，波及
歐洲所有國家，將近二千五百萬人死亡。第二次是在十四世紀，起源於美索
不達米亞，僅歐洲一地，就有五千五百萬到七千五百萬人喪命。第三次大爆
發是 1855 年到 1959 年。流行將近一百年之久，死亡人數估計達一千二百萬
人。臺灣在日據時代初期的鼠疫就是這一次大流行的一部分。

十九世紀末葉，中國雲南發生鼠疫。筆記小說中留下相關的記錄，把這
一次鼠疫的時間上溯到乾隆年間。洪亮吉〔註 10〕在他的《北江詩話》卷四提

力。同時使這些能力對人類和自然界的最佳利益也有所貢獻。賽斯強調：我
們的衝動就是要幫助我們在個人的基礎上，創造我們的實相。身體的內在環
境是跟天氣模式有密切的關係。當人的心靈和外在的生活無法達到原先設定
的生活品質時，就要有一番調整。如果一個政治體制失敗了，那麼就要有一
個天災來改變政治環境。從另一方面來說，人們原有的那種奮起的、創造的
力量將隨之浮現。見王季慶譯，《賽斯書：個人與群體事件的本質》，臺北市：
方智出版社，1994，序及頁 32。

〔註10〕洪亮吉（1746~1809），字稚存，號北江。常州人（今江蘇省武進縣）。清乾嘉

到：

> 時雲南趙州有怪鼠，白日入人家，即伏地嘔血死，人染其氣，亦無
> 不立殞者，（師）道南賦鼠死行篇，奇險怪偉，爲集中之冠。不數日，
> 道南亦即以怪鼠死，奇矣。〔註11〕

依洪亮吉所描述的症狀，確實就是鼠疫。光緒年間，俞樾〔註12〕在《右仙臺館筆記》卷十六就清楚的說明這一次鼠疫的起源和症狀，是一種死亡率極高的傳染病：

> 同治之初（1862～1874）滇中大亂，……亂定之後，孑遺之民稍稍
> 復集。……時又有大疫。疫之將作，其家之鼠，無故自斃。或在牆
> 壁中，或在承塵上，人不及見，久而腐爛。人聞其臭，鮮不病者。
> 病皆驟然而起，身上先墳起一小塊。堅硬如石，顏色微紅，捫之極
> 痛，旋身熱起，或逾日死。諸醫束手，不能處方。有以刀割去之者。
> 然此處甫割，彼處復起。其得活者，千百中一二而已。〔註13〕

所謂「滇中大亂」，是指咸豐六年（1856）五月至同治十二年（1873）五月雲南發生以馬如龍、杜文秀爲首的回亂。最後爲雲貴總督岑毓英所平定。戰事一起，難民四出逃命。中介者是帶有鼠疫病菌的跳蚤，藏身於難民的衣物被褥之中，隨著難民潮，從雲南沿紅河（元江）而下，到北越的河內、海防，繼而傳到香港、廣州，再北上傳到廈門、澎湖和臺南，繼而北上到上海、山東，乃至於東北三省。日本官方記錄顯示，這次臺灣的鼠疫是從香港傳入的，而且是先傳染前來占領的日本軍隊，再由軍隊傳到民間。

第三節　鼠疫來襲

　　1896 年 3 月 11 日，日本駐香港的領事向本國報告說，當地已發生鼠疫，

時期著名的學者。重要的經學著作有《弟子職注》等，《春秋左傳詁》更是晚年力作；史學方面，長於地理研究及撰寫方志，撰有《三國疆域志》《乾隆府廳州縣圖志》等書。

〔註11〕洪亮吉《北江詩話》，收入清·洪用勤等編纂，《洪北江亮吉先生遺集》，光緒三年授經堂重刊本。臺北，華文書局影印，頁 4026～4027。

〔註12〕俞樾（1821～1907），字蔭甫，號曲園，江蘇省湖州府德清縣城關鄉南埭村人，乃是晚清著名文學家、教育家、書法家。

〔註13〕俞樾（曲園居士）《右仙臺館隨筆》，收錄於《筆記小說大觀》第十六編第七冊。臺北：新興出版社，1977。

正在蔓延，要求剛剛接管臺灣的日本殖民政府嚴加注意沿海口岸，以防範鼠疫的入侵。4 月 16 日駐廈門的日本領事也發出同樣的警告，廈門及其附近地區也發生了可怕的鼠疫。

同年 5 月 7 日，臺南安平就發現了臺灣第一個鼠疫的病例。臺南廳民政部長下令嚴格實行隔離措施。駐在臺南的第三旅團軍醫部立即展開嚴密的預防消毒，並且進行病菌檢驗。經過軍醫部和臺南檢驗所的檢驗，證實 5 月 6 日在安平所發現的疑似病例，就是鼠疫。鼠疫正式入侵臺灣。

接著在打狗（今高雄），發現一名鼠疫患者。在雲林發現一名疑似的患者。安平與臺南也陸續傳出鼠疫病例，顯示鼠疫正在逐漸擴大。

到了七月下旬，天氣正熱的時候，臺南與安平的疫情突然告停。香港和廈門的鼠疫也同時銷聲匿跡。臺灣總督府以為疫情已過，也就撤銷了對往來船隻的檢疫工作，撤銷了檢疫人員，也廢止了檢疫所和派駐在海港的分駐所。

但是到了 10 月 27 日臺北城內的日本駐軍發現三起疑似的病例。第二天檢驗報告出來，證實是罹患鼠疫。正式宣告可怕的鼠疫襲擊臺北，並且已經擴散到臺灣西部平原地區。往後幾年中，當時最繁華的大稻埕和艋舺，受害最重，死亡枕藉。而臺灣海峽的對岸，福州、泉州、廈門等地，也飽受鼠疫的蹂躪。

自從鼠疫入侵臺灣之後，幾乎每年都會發生。以明治三十四年（1901）和三十七年（1904）為最嚴重。前者有患者 4,496 人，死亡 3,670 人，死亡率是 81.63%。以臺北和臺南為最主要的流行地。後者有患者 4,494 人，死亡 3,370 人。死亡率是 74.99%。以臺南、嘉義、鹽水港和臺北為主要的流行地區。〔註 14〕

綜觀鼠疫在臺灣的流行概況，臺北在明治四十年（1907）最後一次大流行之後，只有一些零星的病患出現〔註 15〕。臺南自明治四十三年（1910）起，不再有鼠疫發生。其他地區則以嘉義為多，每年都有鼠疫的病例發生。尤其是樸仔腳（今樸子鎮），是最難根治的地方。到大正七年（1918）方才根絕。整個日據時期感染鼠疫的人數、死亡數和死亡率如表 7-1。

〔註 14〕《日據時代臺灣北部施政紀要》，頁 271。
〔註 15〕《日據時代臺灣北部施政紀要》，頁 273。

表 7-1　日據時期全臺灣鼠疫患者統計表

年　　次	患　者　數	死　亡　數	百　分　比
明治 29 年（1896）	258	157	60.85
明治 30 年（1897）	730	556	77.53
明治 31 年（1898）	1,233	882	71.53
明治 32 年（1899）	2,637	1,995	75.65
明治 33 年（1900）	1,079	807	74.83
明治 34 年（1901）	4,496	3,670	81.63
明治 35 年（1902）	2,308	1,853	80.28
明治 36 年（1903）	885	708	80.00
明治 37 年（1904）	4,495	3,370	74.99
明治 38 年（1905）	2,388	2,090	87.52
明治 39 年（1906）	3,272	2,609	79.74
明治 40 年（1907）	2,592	2,241	86.46
明治 41 年（1908）	1,270	1,059	83.59
明治 42 年（1909）	1,026	848	82.65
明治 43 年（1910）	19	18	94.74
明治 44 年（1911）	380	334	87.89
大正元年（1912）	223	185	82.96
大正二年（1913）	137	125	91.91
大正三年（1914）	567	488	86.17
大正四年（1915）	74	66	86.19
大正五年（1916）	5	4	80.00
大正六年（1917）	7	7	100.00
合計	31,351	24,072	76.78

資料來源：井出季和太，郭輝譯，《日據下之臺政》，1956，頁 26～27。臺北市文獻會
　　　　　編《日據前期臺灣北部施政紀實・衛生篇・大事記》，1986，頁 272～273。

　　日本人爲了平靖鼠疫，依照歐美國家熱帶醫學的指導下，大力推行公共
衛生。可是所用的手段極爲粗暴惡劣，在「衛生的日人」、「骯髒的臺人」的
對照下，極盡鄙夷之能事。在第四節中將會有所討論。臺人們在憤怒和驚恐
之下，只有迎請大家共同信仰的神明來繞境以驅逐疫氛，才能求得生活上和
心靈上的眞正平安。

第四節　迎神、造塔以逐黑疫

　　在日據時代，霞海城隍的第一次繞境巡行活動，不是為了祝賀霞海城隍爺的誕辰，而是為了鎮壓當時流行的鼠疫。也不是單獨行動，而是與大龍峒保安宮的保生大帝、關渡宮的媽祖等神明，共同負起保境安民的工作。在明治二十九年（1896）的《臺灣新報》，簡單的報導了霞海城隍執行他的逐疫任務：

> 前日大稻埕之霞海城隍神，各會首恭迎神像，巡視於本鎮之各市，
> 一周而回，旌旗蔽日，鑼鼓喧天，頗形熱鬧。神駕臨時，居人門口，
> 掛彩披紅、擺設香案，必恭如敬，拜禮如儀。然後焚紙鏹，放爆而
> 謝之。蓋邇來疫癘淨消，人民樂逸，咸謂神靈呵護之功，蒙庥萬姓，
> 則祀之耳〔註16〕。

　　鼠疫，又名百斯篤、黑死病、黑疫等，是一種高死亡率的傳染病，隨著日本軍隊一起入侵臺灣，流行於艋舺、大稻埕等人煙密集的地方。日本人沒有碰到過這種疾病，就不知道該如何對治，只知用消毒水做針劑，為患者施打，死亡率高達 90%。又火葬和解剖屍體〔註17〕，完全不符合臺灣人的習俗。因此人心惶惶，臺灣的民眾在無可奈何的情形下，只有祈求神明的庇佑。於是地方人士把保安宮保生大帝、霞海城隍廟的城隍、關渡宮的媽祖等著名廟宇的神像抬出來，遊行街市各角落，以清除疫氛〔註18〕。這一年沒有舉行慶祝霞海城隍誕辰的迎神賽會活動。

　　在明治二十九年（1896）日人初據臺灣的時候，全臺灣的鼠疫患者有 258 人〔註19〕。其中臺南有患者 74 人，死亡 63 人。臺北有患者 180 人，死亡 90 人。自是年的七月起，艋舺和大稻埕有數百名疑似的患者，災情相當嚴重。明治三十年（1897）全島有鼠疫患者 730 人，死亡 556 人。以臺南為最多，541 名患者中，死亡 421。以後就逐年擴大疫情。

〔註16〕 〈正直為神〉，《臺灣新報》第 95 號，明治 29 年（1896）2 月 25 日
〔註17〕 〈檢疫所見〉云：「醫官用白灰避疫藥水者，乃用冷水害人；死於疫者用火葬，
　　　　乃謂燒人身屍，使人無葬身之地；醫官之剖葬法，乃謂破人屍身。」《臺灣新
　　　　報》第 54 號，明治 29 年（1896）11 月 6 日。
〔註18〕 宋光宇，〈日據時期臺灣的瘟疫與迎神〉，《考古與文化：高曉梅先生八秩祝壽
　　　　論文集》（下），頁 305～330，臺北市：正中書局，1991。又收入氏著《宗教
　　　　與社會》，臺北市：東大圖書，1995，頁 67～102。
〔註19〕 《明治二十九年ベスト病流行紀事》，頁 87～96。

明治三十一年（1898）患者高達 1233 人，死亡 812 人。最嚴重的地方是彰化，罹患者有 596 人，死亡 449 人。斗六、臺南、臺北次之。表 7-1 清楚的顯示，在明治三十一年（1898）這一年裡，在臺北，為了驅逐鼠疫而舉行的建醮有 6 次，迎神繞境 20 次，造塔壓疫 2 次，廟中祈禱 1 次，乩童指示 2 次。其中「迎神繞境」有一半（10 次）是在大稻埕，有四分之一（5 次）是在艋舺〔註20〕。顯然艋舺和大稻埕是鼠疫流行的重災區。

表 7-2　明治三十一年（1898）臺灣迎神逐疫統計表

地 點	建醮普度	迎神繞境	建塔壓疫	廟中祈禱	乩童指示	合 計
大稻埕	0	10	0	0	1	11
艋舺	2	5	2	0	1	10
滬尾	1	1	0	0	0	2
新莊	1	0	0	0	0	1
新竹	1	1	0	0	0	2
臺南	0	1	0	0	0	1
紅毛港	1	0	0	0	0	1
文山堡	0	1	0	1	0	2
八芝蘭	0	1	0	0	0	1
合計	6	20	2	1	2	31

資料來源：明治二十九年《臺灣日日新報》。

這一年所祈禱和迎請的對象以城隍為主，共有四次，包括霞海城隍一次，供奉艋舺蓮花池某民宅的原淡水廳城隍〔註21〕二次，新竹城隍一次。其次是媽祖、保生大帝、太上感應（疑應作太上老君）、佐順將軍、四使爺、北極大帝、薛大巡爺、清水祖師、觀音佛祖、五靈公等神明，名目繁多。

造塔壓疫是比較特殊的現象。《臺灣日日新報》上的報導云：

> 造塔之習俗起自甲申年（光緒十年，1884）疫氣流行之際。臺人初不知有消毒之法，因仗神驅逐，而猶不能遽滅，乃在艋舺龍山寺口，雕造兩座磚塔，仿七層之模樣，名曰：太平寶塔。塔內崇奉神像，安排玩器，夜夜燈花燦爛，火樹輝煌，加以演梨園，往來遊人絡繹不絕。先是三五成群，直同兒戲。繼而各街商店按額鳩金，實一時

〔註20〕宋光宇，〈日據時期臺灣的瘟疫與迎神〉，臺北市：東大圖書，1995，頁 72。
〔註21〕現在這座城隍幾經輾轉，現在供奉於松山區虎林街的「臺灣府城隍廟」中。

稀有之熱鬧也。厥後，如遇天氣不順，亦每有造塔以成一條之俗例。
及去年，疫症發生，新舊街先行倡造。因其時，土匪（按係指反日
的義勇軍）未靖，特恐混跡匪徒，警官故為諭止焉。如此黑疫蔓延，
仗神驅逐而外，仍復雕造磚塔。所以艋之後街仔於去二十七日已倡
造一塔，高與屋齊。是夜，鼓樂喧嘩，火花齊整，想各街住民必相
繼雕造可知矣。」〔註22〕

艋舺的竹篙街、粟倉口街繼之起，雕造幾座磚塔〔註23〕。往後幾年大稻
埕也起而仿效。但是施行沒幾年，就不再出現。

這一年民間開始設立醫療機構。艋舺紳商出資設立保安醫院，大稻埕郊
商出資開辦稻江醫院〔註24〕。聘請漢醫從事醫療。當時臺灣的漢人很難接受
日本人推行的西式醫療。後來出任大稻埕區長的黃玉階就說：「黑疫狠毒，臺
人偶有談及者，則謂到（日本人主持的）病院，萬無生理，聞者信之，余頗
怪焉。」〔註25〕

明治三十三年（1900）鼠疫為患更加嚴重，為了鎮壓鼠疫而舉行的迎神
活動總共有 9 次。以所迎請的神明而言，霞海城隍 1 次，保生大帝 3 次，其
餘 5 次是媽祖和「聖佛」（不知名的神明）。稻江在造塔壓疫時，更迎請大龍
峒保安宮的保生大帝前來坐鎮〔註26〕。這一年的迎神壓疫的活動如 7-2 所示。

表 7-3　明治三十三年（1900）臺灣迎神逐疫統計表

地　點	建醮普度	迎神繞境	建塔壓疫	廟中祈禱	乩童指示	製作紙貓	合計
大稻埕	1	2	1	1	0	0	5
艋舺	1	0	0	0	0	0	1
大龍峒	0	2	0	0	0	0	2
錫口	0	1	0	0	0	0	1
擺接堡	0	0	0	1	0	0	1
淡水	0	1	0	0	0	0	1
文山堡	0	0	0	0	1	0	1
桃仔園	0	1	1	0	0	1	3

〔註22〕〈倡造寶塔〉，《臺灣日日新報》，第 20 號，明治 31 年（1898）5 月 29 日。
〔註23〕〈艋舺塔戲〉，《臺灣日日新報》，第 23 號，明治 31 年（1898）6 月 2 日。
〔註24〕《日據前期臺灣北部施政記實》，頁 270。
〔註25〕〈大家勿慌〉，《臺灣日日新報》，第 11 號，明治 31 年（1898）5 月 20 日。
〔註26〕宋光宇，〈日據時期臺灣的瘟疫與迎神〉，臺北市：東大圖書，1995，頁 73。

新莊	0	1	0	0	0	0	1
臺中	0	1	0	0	0	0	1
彰化	0	0	0	1	0	0	1
合計	2	9	2	3	1	1	18

資料來源：明治三十三年《臺灣日日新報》。

　　其中「製作紙貓」是很有創意的事情。那時臺人對於鼠疫的起因並不清楚，不知是跳蚤在作祟，只知道鼠疫為害人體，而貓捉老鼠，於是想出「製作紙貓」來捉傳播疫情的老鼠。在臺灣的歷史中，只有這麼一個案例，空前絕後。

　　同年，廈門、泉州和福州等地，鼠疫為患也相當劇烈。在廈門，建醮祭瘟神。泉州和福州的士紳則是鳩集萬金，派人前往江西龍虎山，請張天師作法，建醮祈禳〔註27〕。

　　明治三十四年（1901）是鼠疫在臺灣鬧得最厲害的一年。一共有 4,496 人罹患，3,676 人死亡。死亡率是 81.63%。在臺北，鼠疫鬧得最慘烈的地方是大稻埕。居民無奈，以「街」為單位，舉行 6 次迎神遊境，掃除疫氛。全年的迎神壓疫活動如表 7-4 所示：

表 7-4　明治三十四年（1901）臺灣迎神逐疫統計表

地　　點	建醮普度	迎神繞境	建塔壓疫	廟中祈禱	符　　水	合　　計
大稻埕	1	6	2	1	0	10
艋舺	1	0	0	1	0	2
三重	0	2	0	0	0	2
士林	1	0	0	0	0	1
景尾	0	1	0	0	0	1
新店	0	1	0	0	0	1
新竹	1	0	0	0	0	1
臺中	3	0	0	0	0	3
諸羅	1	1	0	0	1	3
合計	8	11	2	2	1	24

資料來源：明治三十四年《臺灣日日新報》。

　　迎請霞海城隍和保生大帝來除疫時，正是鼠疫為禍的高峰期，被認為是「不夠靈驗」，於是改請關渡媽祖前來掃疫，適逢疫情稍為舒解，大家認定果

〔註27〕〈泉州近事〉，《臺灣日日新報》第 612 號，明治 33 年（1900）1 月 9 日。

然奏效。是年六月二十六日的《臺灣日日新報》云：

> 稻之枋寮街當疫病猖狂之際，居民目擊心驚。恆爲祈天禱佛之謀。
> 而病魔竟悠悠然如是。是時，有倡迎關渡媽祖，以時當顯赫，欲藉
> 以鎮撫也。乃媽祖至，適逢疫症稍疏，遂以果然靈驗目之。而隆記
> 街一帶，遂有步其後塵者，高結神壇，近神像於此，一時演戲數十
> 檯。何信奉之益深？〔註28〕

明治三十七年（1904）也是鼠疫流行的高峰。從新聞的報導來看，這一
年大稻埕的商人已經接受了日本人推動的清潔之法，來對抗鼠疫。2月5日的
報導云：

> 此次大稻埕各市街正值施行清潔法，當道主意欲除此缺處，殊費種
> 種苦心。欲以不足之經費，購買消毒品等，實無良策。因謀之各人
> 民，遂有南街商舖建祥、和隆、元成、源春、廣兆昌、和生、永和、
> 怡隆、勝利、乾元等各殷戶，願釀出金二十三圓，充作媽祖宮後街
> 其他之清潔費用。中街林望周等十六戶，願捐金十七圓五十錢，充
> 作鍾厝、建昌後街等之費用。如中北街第四十六保正陳采臣亦爲其
> 保內總代寄附金二十三圓五十錢。在大稻埕內派出所亦毫無間然，
> 克達清潔法施行之宗旨。現正在著手時候。又聞各洋行等大贊其趣
> 旨，亦有以寄附金錢，須各與其本行商議，頗爲費事。惟願多買消
> 毒品，即將其用剩額寄附之。實近來可感之美舉也。〔註29〕

明治四十年（1907），大稻埕的鼠疫又起。於是再舉行規模更大的迎神逐
疫活動，遍及稻江七十多條街道。這一次迎請保生大帝、霞海城隍和關渡媽
祖三尊神明一起遊歷整個大稻埕七十餘街，遍及每個角落。跟隨在後的信眾
多達三、四千人。那時候，已經頒布檢疫規則。凡是發生鼠疫的地方，迎神
遊行的隊伍不得靠近。可是這一年的疫情特別嚴重，大稻埕的居民也就顧不
得總督府的禁令，讓迎神的隊伍遊徧稻江每一條街道，徹底清掃疫氛。日本
當局也只得順從民意。當時的報導是這樣寫的：

> 大稻埕近以鼠疫紛起，防不勝防，遂欲乞靈於神。如效古鄉人儺之
> 意，以關渡媽祖、保生大帝、霞海城隍爲主。自陰曆三月二十七夜

〔註28〕〈信奉益深〉，《臺灣日日新報》第 1128 號，明治 34 年（1901）6 月 26 日。
〔註29〕〈清潔法及大稻埕人美舉〉，《臺灣日日新報》第 1727 號，明治 37 年（1904）
2 月 5 日。

以至二十九夜，皆爲暗訪。全市七十餘街，皆次第巡及之。每夜迎
神者輒逾二千人。及四月初一日午前十時許，即在城隍廟邊之曠地
齊集。結隊以行者約三、四千人。有裝藝棚者、有裝雜劇者，皆極
如荼如火之盛，兼之鼓樂喧天，街道幾爲擁塞。是夜尤置大壇於慈
聖宮，即供奉三尊神之所，聽街眾前往燒香或敬獻。因此一役，市
上商業之蒙其影響者，蓋亦不少焉。按檢疫規則屬行後，凡有發生
鼠疫之處，則迎神者不得及之。況此鼠疫蔓延之秋，萬能使七十餘
街，皆得目覩神輿之出游，以遂其乞靈於神之心，亦可見當道之俯
順輿情矣。〔註30〕

　　這一次迎神繞境之後不久，又有當年的霞海城隍誕辰的繞境。接連兩次
大規模的清理大稻埕的信息場，鼠疫的病氣也就逐漸降低。此後，只有零星
的病例，不再有大規模的流行。大稻埕的人士都認爲是神明的庇佑之故。卻
也惹來一些所謂開明之士的批評〔註31〕。

　　此後鼠疫在臺北的疫情日漸衰落。相對的，在報端也就較少見到有關以迎
神繞境等宗教方式來減少鼠疫和其他傳染病流布的報導。一方面是事實如此，
一方面也是報紙的編輯方針改變了，開始站在反對和批判的立場來看迎神逐疫
活動。可是當我們從「信息」的角度來看這件事，不難理解，迎神繞境其實就
是在信息的層面做淨化的工作。只是這種信息層面不是具相的，看不到，摸不
著，又是信者恆信，不信者恆不信，對迷信物質科學的人來說，是很難界定和
相信的。在十九世紀末、二十世紀初，無論是日本人，或是中國人，都以「崇
尚科學」爲職志，主要是可觀察和測量的物質科學，否定一切不能被觀察、被
測量的事物，斥之爲迷信。在這種態勢下，一般物質科學信奉者很自然的把「迎
神逐疫」、「建塔壓疫」等宗教行爲當成是迷信，恣意批判，終而勝利。

第五節　官方推行的公共衛生

　　日據初期傳染病流行，瘧疾、鼠疫、霍亂等惡疫，蔓延數年，有一發不
可收拾之勢。可是在日本的歷史上，似乎沒有鼠疫的記錄。日本人在處理鼠
疫等惡疾方面的表現是非常低能的，只知藉用當時被認爲是最先進的西方細

〔註30〕　〈大稻埕迎神逐疫〉，《漢文臺灣日日新報》，明治40年（1907）5月14日。
〔註31〕　〈牢不可破〉，《臺灣日日新報漢文版》，明治40年（1907）7月17日。

菌學和免疫學，作爲施政的參考。

自從臺北發生鼠疫後，臺灣總督府所採取的防疫措施如下：

明治二十九年（1896）十月二十八日，在臺北廳設置臨時檢疫本部，於
臺北警察署及大稻埕、艋舺兩警察分署設置檢疫支部。並
訂定臨時檢疫章程。任命檢疫委員。同時，於城外新起街
（今臺北市萬華區新起里）及臺北病院傳染病隔離室，設
立「百斯篤」（ペスト，pestilence 的日式縮寫）避病院。

十月二十九日，在基隆、淡水、新竹三支廳設立臨時檢疫支部。

十月三十日，臺北、新竹、基隆、水返腳（今汐止）各火車站，開始實
施檢疫。大稻埕水上警察派出所（隸屬臺北警察署）及淡
水則施行船舶檢疫。

十月三十一日，通令醫師如遇有疑似「百斯篤」患者時，必須行書面或
口頭報告。

十一月二日，開始設立第二避病院於臺北東門外舊清兵營地。

十一月三日，日本總督府成立臨時鼠疫預防委員會，任命民政長官爲委
員長，並以民政局事務官、技師、軍醫官及臺北廳書記官、
憲兵隊隊長、臺北病院院展等爲委員。每星期開會三次，
審議有關預防監督上的必要措施。

十一月六日，於臺北城內迎武廟街、府後街及大稻埕建昌街等發病家
屋，設置健康者隔離所。

十一月八日，訂頒臨時鼠疫預防消毒規程。在臺北檢疫支部設置消毒隊
四組，艋舺、大稻埕各置兩組。

十一月九日，於臺北城東門外舊清兵營地設立鼠疫疑似患者治療所，並
訂定鼠疫疑似患者送往避病院的手續章程。

十一月十一日，設立日人公墓於大加蚋堡三板橋（今南京東路、林森北
路交界以北的林森公園），並訂定臺灣人因鼠疫而死亡者的
埋葬規則。

十一月十五日，爲便利識別起見，對於發生鼠疫的家屋、都貼上黃色紙
條，船舶有發病者，舉起黃旗，停泊港外。

十一月十六日，設立臺灣人鼠疫治療所，及訂定臺灣人罹病者的入院手
續。

在這段期間，淡水、基隆、新竹等地，雖有若干疑似病例，可是病情不再擴張，於是自十一月二十九日起，將淡水、基隆、新竹各檢疫支所，以及大稻埕建昌街的健康者隔離所廢止。

十二月八日，完成衛生試驗室。

十二月十日，通令：凡發現死鼠、均需送交小南門外鼠疫病研究所，以便檢查。

十二月十日，派遣醫學博士緒方正規和山極勝三郎抵臺，展開調查研究，至同月三十一日止，證實是鼠疫，確定跳蚤是中介者。臺灣總督府根據他們的建議，實施環境清潔、燒毀鼠類、凡是患者的衣物被褥都要燒毀。

十二月中旬以後，病勢逐漸衰退，到了下旬二十五日，就將臨時檢疫支部撤銷，二十六日解任各防疫委員。二十八日，將防疫工作交由常設的衛生機構來處理。

這是第一年遇到鼠疫時的日本官方反應。從第二年起，鼠疫病情越來越嚴重，日人方才覺得事態嚴重。一旦某處發生鼠疫，就用草繩圍起來，把患者家屋拆掉，或燒掉，死者也必需火葬。這麼一來，大大違反臺人的埋葬習俗。

再加上日本醫生不知該如何治療，只會用消毒水做成針劑，為患者注射，鮮有生還者。這種用消毒水當藥用的辦法，治療腹瀉是很有效的。日軍在占領臺灣時，死亡極多，大都是腹瀉而死。因此，用消毒水做成治腹瀉的藥來用，相當有效。在日俄戰爭時，就用這個辦法做成「征露丸」（意為「征伐 Russia 露西亞的藥丸」），至今仍在販售。日本醫生依樣畫葫蘆，用消毒水來治療鼠疫，完全沒有療效。

明治三十一年（1898）5 月，內務省臨時檢疫局事務官志賀潔來臺灣調查鼠疫病原。軍醫岡田國太郎也來臺灣，深入鼠疫嚴重的地方，進一步的調查鼠疫傳染的路徑。他所提出的預防方法就是注意住家的光線和空氣的流通、厲行清潔，根本的辦法就是拆除已被病毒附著的家屋。〔註32〕

1894 年法國細菌學者耶先方才發現鼠疫桿菌。1928 年英國的佛萊明方才發明打生素盤尼西林，可以有效的抑制鼠疫桿菌。在此之前，全世界的醫生

〔註32〕《明治三十一年臺灣ベスト病流行記事》。

都不知道究竟要如何治療鼠疫，只有靠摸索，走出一套方法來，像是實施消毒、清潔掃除、隔離病患、實行檢疫等，剛好合乎現代醫學的基本理念，只是碰對了而已。

在這種盲人瞎馬的情形下，有關鼠疫的治療是非常可怕的事。在《公文類纂》的第一隔離院和第二隔離院的醫療記錄中，找到一些有關的記錄，抄錄於下：

表 7-5

療　法	患者總數	死亡人數	痊癒人數	死亡百分比	痊癒百分比
腫腺摘除	15	7	8	46.7	53.3
石炭酸注射	5	4	1	80.0	20.0
溫琵布	18	6	12	33.3	66.7
外表消炎法	50	31	19	62.0	38.0
釀膿自開	2	0	2	0	100.0

這份統計讓人心驚膽戰，日本人所用的治療鼠疫的辦法竟然如此可怕。把消毒用的石灰水注射進患者的體內，以為可以消毒，結果枉送人命。唯一存活者只能說他「命不該絕」。我們不知道「溫琵布」是什麼東西，也許是一種被子之類的東西，覆蓋在患者的身上，讓他流汗就好了。果真如此的話，那就很接近當時臺灣人所熟知的治鼠疫的辦法了〔註33〕。

初期的公共衛生，就是拆患者的房子、加強搜索病患、死鼠的送檢、花錢收買老鼠，也舉行大規模的清掃室內、室外環境。這些工作都交給警察來執行。由於執行的強制力，加上臺人習於傳統醫療方式和習俗，自1896年防疫措施施行以來，對臺人造成極大的衝擊、不安、無奈與怨言。讓我們試著從《臺灣民報》的相關報導史料，一探日本殖民時代一直引以為豪的成就背後，蘊藏著多少辛酸與悲哀。所用的資料比較晚，鼠疫已經滅絕，可是施行清潔時的惡行依舊不改。

大正14年5月11日云：

　　吾處要行大清潔，因雨延期，到好天之時重行斯事。及清潔之日之
　　早晨，甲長才通知各戶。我適足疾不能起床，屋裡雖行洗掃，而我

〔註33〕蔡素貞，〈鼠疫與臺灣中西醫學的消長〉，《臺北文獻》直字第 164 期，2008
　　　年 6 月，頁 170。

所臥之一方地未照施行，意欲對巡查請恕求免，此乃因病之不得已也。檢視之巡查到舍監視時，我將原委說明，欲求其恕免。誰知那個巡查半言不聽，且以惡言責罵，……宣告罰金二圓也。〔註34〕

大正15年2月21日標題「防疫警察是真了不得」云：

不知道瘟疫的厲害要用什麼方法可以消毒預防，不過知道若有了疾病較異於普通的病症的時就被嚴酷的警官禁斷了種種的自由，身體上就要吃苦，或被罵，或被辱。照這樣看起來，當局的意雖好，因下級官吏不會體貼，以致防疫的對於民心不但無功且反成有害。這樣事不但中埔庄，全島是處處皆然的，這樣的防疫警察是真真了不得的。〔註35〕

大正15年4月18日云：

近來嘉義管轄的車店、山子頂兩個派出所的警官，稱是奉著課長的命令要撲滅「麻啦里亞」。將各處農家所栽培樹林盡行伐光，堆積起來放火燒去。果樹竹林乃是老百姓的飯碗，您們毀去那些，豈不是把老百姓的飯碗捽碎了一樣嗎？撲滅「麻啦里亞」保護人民的健康，確是要緊。難道不砍樹木，其外就沒有法子可以廓清病菌嗎？〔註36〕

大正15年5月16日標題「『大清潔』日下雨人民就要受罰」云：

桃園街去月廿五日施行大清潔，是早天氣清朗，家家戶戶皆依命將家具盡搬出，並洗掃家屋內外。及至午前十一時忽然天氣變了，黑雲密佈，沛然下雨，街民不得不將所搬出的家具搬入來。某巡查看著清掃不完全，便告發了三十多名。翌日召喚至警察課受司法警部的大說諭，又各處以罰金，若能即刻繳納便罷，不然就立刻要拘留。
〔註37〕

昭和5年8月16日標題「當局沒有親切的宣傳人民都有冤枉的怨言」云：

但在庄民的方面，有的說籬笆全毀，於境界上、習慣上有很多的不便，當局不指示拆毀後的對策給人民，這點有不適當。設使要新建造別個東西，細民哪有經費？有的說假使人民有不知而未拆毀的，

〔註34〕　《臺灣民報》，第3卷第14號，大正14年（1925）5月11日，頁9。
〔註35〕　《臺灣民報》，第95號，大正15年（1926）2月21日，頁10。
〔註36〕　《臺灣民報》，第101號，大正15年（1926）4月18日，頁12。
〔註37〕　《臺灣民報》，第105號，大正15年（1926）5月16日，頁6。

警察也不該馬上就將他處罰。總要徹底的宣傳其主旨，使人民領會
然後穩健的施行才是云云。〔註38〕

昭和5年8月30日標題「市糞便汲取　市民皆非難」云：

臺北市衛生課，對於市內的糞便的汲取，因係與農民包辦，故皆在
早晨人家起居尚靜的時候掃除汲取。近因收歸直營，不但沒有改良，
反比從前更壞，也不慣巨鋪顧客買賣，或是朝食午餐，任意出入，
全無顧慮，至臭穢撲鼻使人難堪。〔註39〕

昭和6年10月31日標題「利用清潔法　迫納神社建築費」云：

因景氣不況的關係，大溪神社建築的寄附金很多不得納付，以登前
報。其後街役場竟藉警察的權力，於街民演戲的時候起了種種刁難。
這回又再利用秋季大清潔日，以某警部補和巡查部長為先導，一行
五、六名像要捕緝凶犯的樣子，到了人家就問神社費納完否？因此
小老百姓怕被罰金，多向鄰右借來繳納，然無處可借的不計其數云。
因此本季大清潔被告發的件數比往年多得很。〔註40〕

從以上各篇報導，我們可知屬行大清潔法與公共衛生的情況下，完全不
顧及臺灣人的感受，報導中也言及：「當局的意雖好，但因施行者不體貼，使
防疫對民心不但無功，反成有害」。為了防疫農家身家財產果樹竹林全被砍
光，農舍周圍栽種的竹籬也被拆毀，警察執行大清潔法無視天候變化與人民
身體狀況，未照著施行，便得換來罰金、拘留或一陣責打；更甚者利用大清
潔法的告發威脅小老百姓繳納神社建築費。面對日人眼中「不識字又沒衛生」
的臺灣人，衛生法是在強制與取締下施行，全不顧及臺人風俗習慣。

第六節　臺人的陳情與療癒

在《公文類纂》中，收錄了三篇臺人的陳情書，反對日本人的作法。最
長的一篇是由大稻埕商人葉怡隆領銜，有一百四十家商鋪聯名簽署的〈官民
性命之要書〉，向兒玉總督陳情。簽署的日期是明治三十一年（1898）5月16
日。陳情書明白的指出：

……地氣各異，水土不合，醫法不同，所以內地人（指日本人）致

〔註38〕《臺灣新民報》，第326號，昭和5年（1930）8月30日，頁5。
〔註39〕《臺灣新民報》，第328號，昭和6年（1931）10月31日，頁8。
〔註40〕《臺灣新民報》，第388號，昭和6年（1931）10月31日，頁8～9。

病者多，本島人致病者少。況內地人在臺灣致病者，多屬誤傷，非
所謂瘟疫也。用藥不應效也。……此醫師之用藥以救人，猶如天地
水土以養物，均同一理，可睹物以知人矣。現今臺民或偶傷風寒小
病者，若被警官強捕，扶去病院，用內地之醫法治之，十無一生。
若扛走鄉村，用本島之醫法治之，十可救八九。倘或壽元數盡，醫
救難活者，世固有之，豈有古而不死者乎？亦非謂死者之器物能傳
染人之疾病也。嘗觀慣習代人雇收屍骸埋葬者，抬柩埋葬者，常多
健康，不先染病，可知器物傳染疾病，其說謊謬。……人命長短自
有定數，非可執一醫術，能續萬命也。眾民等生長在臺灣，頗知臺
地治病之法，所以敢竭忠心，同具公稟，向總督大人細詳稟明之。
伏乞總督大人傳知列位長官及內地人，倘或偶惹風寒小病者，宜靜
臥密室，加衣重裘，覆蓋衿褥，宜飲發表藥湯，其病自除。切不可
用冰霜冷水，浸漬身體。亦不可費用灰水灌渥居室，甚恐地多寒濕，
而人多疾病也。若待夏秋，天氣炎熱之時，或有傷暑病者，則飲清
涼消暑之藥湯。亦不可臥濕寒之地也。此臺灣療病衛生之要訣，是
官民性命，關係最大，切勿視爲逆耳之談也。〔註41〕

這份陳情書有幾個重點：第一，反對將患者強制隔離；第二，醫師在治
療時方法及用藥錯誤；第三，反對把患者的被褥、器皿、家屋燒掉；第四、
反對用冰敷去熱的辦法；第五，不贊同灑消毒水。

陳情書強調：傳統臺灣人的治法是讓患者離開人口眾多的地方，也就是
離開高頻波動的信息場，住到鄉下去，進入一個比較低頻波動的場域。安安
靜靜的住下來，也就是讓整個人的身心狀態安靜下來，不再受到風寒吹襲。
再讓他蓋上厚重的被褥，服用清涼解熱的湯藥，待全身發汗，鼠疫病症就痊
癒了。

另一份比較簡短的陳情書，署名是「臺北眾百姓」。時間是明治三十一年
（1898）五月，總督府收文的日期是五月十八日。在這封陳情書的一開頭就直
言：「檢疫之法治甚土匪。」明白的說出臺灣人治鳥鼠病的辦法：「先禁（浸）
之以鳥糖水，而治之以針灸，使身體手足氣血流通，併飲芋絲之水，不一刻而
病立癒矣。」

鳥糖就是製糖最後剩下來的黑糖，在中藥裡，是一味去毒的藥。從化學

〔註41〕《公文類纂》衛生系列之二，頁289~290。

的角度來說，烏糖泡水就成了葡萄糖水。現在西醫以吊大瓶、掛點滴的方式，
把葡萄糖液輸到血管裡。而這份陳情書所說的辦法是讓患者整個人浸泡到葡
萄糖液中，讓皮膚直接吸收，把身上失去的水分補充回來，再加上針灸，通
經絡，治療的效果當然又快又好。只可惜，當時的日本兒玉總督看不懂這才
是真正的治療方法，任由日本醫生摸索，兩萬五千多名臺灣人因此而喪命。
這份陳情書也就歸檔了事。

　　就是因為有這些抗議和陳情，才會有艋舺和大稻埕地方士紳出來籌組「稻
江醫院」和「保安醫院」。請漢醫來治療漢人患者。當時擔任艋舺和大稻埕區
長的漢醫黃玉階在報章上呼籲，讓日本患者用西式療法，讓臺灣的患者用傳
統的療法。他更擔任專治臺灣人的黑死病治療所的主治醫師。創出「黑死病
疙瘩瘟治療法」。自行出錢五百圓，印了幾千本，分送各地有需要者。

　　艋舺保安醫院聘請黃守乾、李克明等漢醫，辛勤治療患者。李克明更因
此也染上鼠疫而亡。明治三十五年（1902）七月二十三日的報導云：

> 艋舺保安醫院醫士李克明，為療治病人，勤勞太過，致被傳染疫症
> 死亡一節，昨已略登本報。蓋今年自開院以來，所有罹患鼠疫病入
> 院者，至本月十九日止，總計六十七人。全癒出院十八人，已癒而
> 尚在調養者二人。李克明承乏是職，係在六月之初際，六月以前，
> 為他醫士所理入院病者十五人，全癒者二人而外，其經李克明之手，
> 專屬治療者，總計入院男女五十二人，全癒男女十八人。不及服藥
> 而亡者十餘人。而李銳意欲奏醫功，日夜不出院，門診病人，必再
> 巡視，數次為度。藥劑亦係躬親檢點。夜則遲眠，日則早起，黽勉
> 從事，未嘗有閒。且年五十六，氣力稍衰，安耐煩勞過甚？遂致精
> 神不足，疫氣乘虛而入。自十七夜，忽染是症，便精神恍惚，奄奄
> 欲睡，而身無起核，亦不甚熱。惟口吐紅涎，四肢軟弱，雖經服多
> 藥，毫無見效。至十九日黃昏後，竟溘然而逝。據內地公醫寺田震
> 作氏為之診斷云：「李先生病由百斯篤犯肺，壅塞氣道，百藥皆不能
> 有效。三日內即死。凡罹此症而生還者，萬中殆只有一人耳。而李
> 先生恰患此病，真天命也。」但為國家竭力而死，所謂克盡其職，
> 可傷可弔也。嗚呼！醫士如克明者，勤勞已臻其極，功效亦甚可觀。
> 乃能醫人而不能醫己，偏有惡疫相侵，遽戕一命，可哀也。然比之
> 去年，該院醫士陳秉玉，亦盡職而歿，蓋有過之而無不及。實足以

鼓勵人心也。

看了李克明的功績，回頭再看看日本醫生的作為，高下立判。可是在日本人刻意打壓漢醫的態度下，這些醫療成就統統置之不理，不勝感嘆稀噓。

那時候漢醫治療鼠疫的藥方並沒有留下來，只知道黃玉階提倡用涼劑治療。《臺灣日日新報》上便記載著：

> 領臺後一二年，臺人鼠疫大起，死者相望，漢醫獨黃玉階氏，首倡涼劑可治。所用石膏有一服至數兩者，同道中人爭著論非之，至有目之為石膏先生者。玉階終不恤乎人言，日與其徒鼓吹之，一時所活者果甚眾。而駁之者，謂是五運六氣，適值是年，特偶中耳，未可執為定例也。玉階雖著疙瘩新篇以曉之，而疑信者終半焉。〔註42〕

從這則報導來看，黃玉階所用的藥方很可能是石膏湯，或大青龍湯。石膏是清熱瀉火的藥。性辛味甘寒，入肺、胃二經。主要的功效是「清熱瀉火，止渴除煩」〔註43〕。由於石膏是礦石，質地很重，用量宜重，性味不易煎出，必須打碎先煎。

石膏湯的方子包括石膏、黃連、黃柏、黃岑、香豉、麻黃、栀子。主治：傷寒表證未解、裡熱已熾、高燒無汗、身體拘急、面赤目赤、鼻乾口渴，煩燥不眠、神昏譫語、鼻衄、脈浮緊者〔註44〕。這些症狀比較接近鼠疫的症狀。由於沒有留下那時候的方子，石膏湯這個方子只是供讀者參考之用。

香港也同時遭受鼠疫肆虐。1895 年時擔任香港皇家醫院署理院長的羅生醫生（Dr. J.A. Lawson）記錄了當時香港華人醫生用來治鼠疫的方子：貫眾、牛蒡、山栀子、連翹、當歸身、防風、茯苓、甘草、蒼朮、川連、檳榔、木香、黃柏、厚朴、半夏、蘆根、茅根、藿香。

吳宣崇、羅芝園總結多年治鼠疫的經驗和教訓，認為鼠疫是熱毒血壅之證，不能單獨用清熱解毒之藥，應該加上活血化瘀的藥。羅芝園治鼠疫的方子是：

生地 5 錢　　當歸 1.5 錢　　赤芍 3 錢　　桃仁 8 錢　　川朴 1 錢
甘草 2 錢　　柴胡 3 錢　　葛根 2 錢

黃杰誠運用漢藥配方的「君臣佐使」概念來看這個方子，認為這個方子

〔註42〕〈活人新方〉，《臺灣日日新報》第 3353 號，明治 42 年（1909）8 月 8 日。
〔註43〕佚名，《中醫學》，臺北市：啓業書局印行，1981 初版，頁 246。
〔註44〕同上

的君藥是桃仁，當歸為輔，主要功用是去瘀通壅。臣藥是、生地與芍藥，清
熱而解毒。佐使是川朴和甘草，疏氣而和藥，氣行則血通；柴胡和葛根以解
肌退熱，而拒邪，邪除則病癒。〔註45〕

　　單看這樣的記錄，我們還是不能明瞭這些藥的藥理機制和作用為何。現
在我們試用中醫正統的「辨證論治」，把鼠疫的各種症狀簡化成一個抽象的「證
候」，也就是導致這些症狀的根本原因。再根據這個證候，來建立「治則」，
也就是抽象的治療法則。而後才能依照治則來建立「藥方」。那麼我們就很容
易看懂這個藥方的機制是什麼。

　　鼠疫最常見的症狀是：身熱、顴紅、手足心熱、口燥咽乾、手足蠕動；
腹股溝或腋下、頷下有惡核；疔瘡腫痛；肌肉壞死、肢倦、神倦、舌呈暗紅
絳色、脈虛弱。從這些症狀我們可以推知，在鼠疫患者的身體裡面有一股強
大的「邪熱」，這股邪熱把身體皮膚代謝水分和散熱的功能打亂了，身體產生
的熱散不掉，就造成體溫急速上升，手心和腳心都開始發燙，臉頰也開始發
紅，由紅轉黑，口腔和咽喉都變得很乾燥。由於這股邪熱非常強大，很快的
把身上的津和液（水分）烤乾了，形成硬塊。這些硬塊就堆積在原先津液和
淋巴流動的地方，造成鼠疫特有的腫塊。這些腫塊都堆積在淋巴分布最密的
股溝、腋下和頸部。如果不設法把這股強大的邪熱降溫，這些腫塊就會不斷
的生成，繼續堆疊下去，形成非常堅硬的腫塊，好像裡面有核。或者開始腐
爛，乃至於細胞組織壞死。在這種情況下，人的精神狀態是非常萎靡不振、
昏昏欲睡，四肢乏力。由於心血不足，代表心臟的舌頭就會變成暗紅色。由
於經絡傳導有了嚴重的障礙，脈象就變得非常虛弱。表示所有的器官和組織
由於得不到足夠的電力、水分和養分的供應，開始處於衰弱的狀態。一直持
續下去，整個人的細胞、器官和組織都會逐漸崩壞。崩壞過了一定的臨界點，
就回不來了，人也就隨之死亡。漢醫把這些林林總總的生理現象綜合起來看，
歸納成一個抽象的法則，叫做「熱毒壅肺」。由於「肺朝百脈」，一旦肺經被
堵塞，其他各條經絡也跟著停擺。經絡主人生死，一旦各條經絡都不通，人
就死亡。因此，鼠疫的證候就是「熱毒壅肺」。〔註46〕

〔註45〕黃杰誠，〈中醫藥在香港清末鼠疫流行中的作用探討〉，《京港學術交流》，總
　　　　第63期，2004年9月。
〔註46〕蔡素貞，〈鼠疫與臺灣中西醫學的消長〉，《臺北文獻》直字第164號，2008，
　　　　頁175〜177。

確立了「熱毒壅肺」這個證候之後，就可以決定治則，治療的準則。那就是「清熱化瘀」，一方面把熱毒清出去，一方面把壅塞的地方打通。清熱要用能夠清熱的藥，打通壅塞就要用活血化瘀的藥。以下就以羅芝園的方子來做分析〔註47〕：

圖 7-1

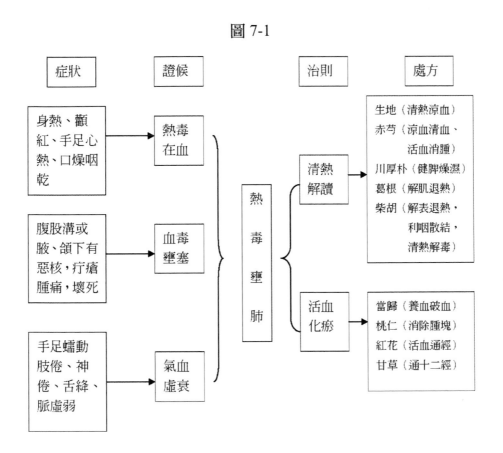

從以上的分析，對照前面所提日本醫生用石灰水注射和割除腫塊的做法，孰優孰劣，高下立判。可是，世間的事總是反常理的。由於明治維新一心效法西方，必欲去除舊有的漢醫。百年來的中國人也一直模仿明治維新，以消滅漢醫為職志。另一方面，漢醫也一直說不清楚自己的優點，鮮有人去做系統的整理。於是，劣幣驅逐良幣，西醫戰勝了漢醫。下一節就來看臺人如何與當權路線妥協。

〔註47〕同上註。

第七節　臺人的妥協和適應

　　面對日本官方暴力推行的公共衛生與大清潔法，臺人則以各種方法逃避、抗拒，視之為新政府的暴政。臺人不僅對日人檢疫方式大為恐慌，對防疫消毒及其醫療更為排拒，視搜檢如臨大敵，視醫院為送命所。《臺灣新報》對此出現以下描述：

> 醫官用白灰避疫藥水者，乃用冷水害人；死於疫者用火葬，乃謂燒
> 人身屍，使人無葬身之地；醫官之剖葬法，乃謂破人屍身。〔註48〕

　　這充分顯示臺灣人對統治者的不信任及強烈抗拒感，何況若是誠實報官處理，不但住屋會被封鎖，個人也會被隔離。在另一方面，也因對西洋醫學的不信任，寧可接受漢醫療法或求助於神佛，害怕一旦去到醫院反倒送了性命。〔註49〕臺人因恐懼檢疫，乃將病患藏匿鄉間，隱匿不報，故患者較實際為少。當時艋舺紳商公會還在《臺灣新報》，刊載「懇諭」，規勸同胞注意衛生，預防傳染，勿得隱匿。〔註50〕由是官方措施不得不因應民間態度而有所轉變。在總督府《公文類纂》明治29年11月份衛生課業務報告，課長加藤尚志即說道：

> 本地人沐浴皇化之日尚淺，且大都無知無識，不知衛生為何物，亦
> 不知日新月異之醫術功能，徒戀舊習視草根樹皮為妙方，對國內外
> 藥典所載良藥反而嫌惡，亦有對我方隔離病院之處理患者方式不放
> 心之情形，以致甚至於本地人中德高望重之輩有提出陳情書者。臺
> 北縣知事亦斟酌本地人之習慣，訂定臺灣人鼠疫病死者埋葬規
> 則……此外又在東門外第二隔離病院之鄰近設臺灣人黑死病治療
> 所，在日本人醫師監督下，置傳統之本地人醫師。若有本地人患者
> 不希望接受日本人醫師之治療，則收容於該所。另艋舺、大稻埕之
> 本地人等請求在該地各設一處本地人隔離病院，將視疫情而定開設
> 之。〔註51〕

〔註48〕〈檢疫所見〉，《臺灣新報》第54號，明治29年（1896）11月6日，。

〔註49〕臺人有此顧忌也非全為無知，許多檢疫診斷與隔離措施，確也因未查明，而有草菅人命與擾民之事發生。

〔註50〕〈公會懇諭〉，《臺灣新報》，第53號，明治29年（1896）11月5日，。

〔註51〕許賜慶編譯，總督府檔案專題翻譯（四）衛生系列之一，《臺灣總督府公文類纂衛生史料彙編》（明治29年4月至明治29年12月），臺灣省文獻會印行，2000年，頁68。

　　基於漢人複雜心理狀況，而不肯配合殖民政府的種種防疫措施，為發揮成效，殖民政府只能調整態度，適應臺人醫療習慣，以求平息疫情。臺北縣廳首先發佈「衛生組合規則」，鼓勵民間組織設置衛生組合，協助官廳執行衛生工作。因此而發起的組織有臺人之「艋舺衛生會」、「大稻埕地區衛生組合」。另一方面也利用臺人的保甲組織，並延攬漢醫，投入防疫工作。〔註52〕

　　在這種情勢下，艋舺的紳商張豁然、李秉鈞、蔡達卿、陳洛、黃茂清、李孫蒲、陳鳳儀、林振德等十餘人，出面籌組保安醫院。公議決定從艋津食物市場和屠宰場的收入中，撥出子利金一千圓，作為保安醫院的治療費用。得到警察機關的許可〔註53〕。

　　大稻埕商人林朝海、葉為圭、劉廷玉、林行義、陳志誠、杜克立、林益順、杜承春、蔡榮發、金合成、李乾源、謝宜興、杜德成等數十人與店鋪，在媽祖宮開會，議決鳩集義金數百圓，作為稻江醫院的開辦費用。再來籌款生息，以為長久之計。是年七月初，由於鼠疫的病情突然消失，以為沒事了，稻江醫院也隨之解散。兩年後，大稻埕的商人再度申請籌辦濟安醫院〔註54〕。

　　在有關籌辦稻江醫院的報導中，對於日本人推動消毒、清潔和公共衛生的手法，提出許多抗議之詞。這則報導是這樣寫的：

> 創設醫院，治療病人，原屬當務之急。矧際此疫症盛行，成斯善舉。使本地人歸本地醫院，官免搜查之苦，民無惶悚之憂，而且罷之者不必入隔離之所，歿之者不必葬烈火之中，尤為無量功德也。第無以感之，則寂然不動，有其倡之，自勃然而興。如大稻埕管內，近日檢疫甚嚴，物議沸騰，幾於不安其居。日昨紳商林朝海、葉為圭、劉廷玉、林行義、陳志誠、杜克立、林益順、杜承春、蔡榮發、金合成、李乾源、謝宜興、杜德成等不下數十人，齊集媽祖宮會議，按月糾捐義金數百圓，以為暫時開設之費。將來即再籌款生息，垂諸久遠，亦因時制宜也。指日即欲呈請各憲批示，想屬便民，定邀恩准〔註55〕。

〔註52〕 范燕秋，〈鼠疫與臺灣之公共衛生1896～1917〉，《國立中央圖書館臺灣分館館刊》，第1卷第3期，1995年，頁62。

〔註53〕 〈保安醫院〉，《臺灣日日新報》第19號，日刊1版，明治31年（1898）5月27日。

〔註54〕 〈濟安役員〉，《臺灣日日新報》第940號，日刊3版，明治34年（1901）6月22日。

〔註55〕 〈眾口易舉〉，《臺灣日日新報》第11號，日刊4版，明治31年（1898）5

　　在總督府面對疫情的徬徨無助的情況下，大稻埕和艋舺的漢醫自動自發的追求新進醫學知識，投入防疫工作。漢醫黃玉階就率先邀集大稻埕市街二十餘名漢醫，研討傳統漢醫藥方，同時也聘請日籍公醫參與研究西醫療法，進而主動參與防疫工作。隨後不少漢醫繼之而起，組成醫療院所參與防疫事務。〔註 56〕其他漢醫如：葉鍊金、黃守乾等，都曾投入霍亂、鼠疫的防治工作。

　　黃玉階爲遏阻鼠疫，除撰述《黑死病疙瘩瘟治法新編》、《霍亂吊腳痧醫書》等有關霍亂、鼠疫療治醫書，免費分贈各方人士之外，也建議總督府當局，設立「黑死病醫療所」，由漢醫擔任隔離、醫療工作。並受任爲臺北縣黑死病治療所醫務囑託（按即所長）、仁濟院囑託、百斯篤（鼠疫）預防組合的組合長、艋舺保安醫院傳染病隔離所醫務主任，協助日本官方控制傳染病的疫情。〔註 57〕黃守乾亦曾任艋舺保安醫院傳染病隔離所主任醫師。這些漢醫對日據初期北臺灣的傳染病防治工作貢獻良多。

　　在這數年瘟疫流行期間，日本官方醫事制度尚未完善，對許多傳染病的致病原因與醫療方法，還未清楚前，漢醫在臺灣風土癘疫之防治上，有其獨到療法、活人新方。如漢醫黃玉階在鼠疫治療上就力排眾議，倡涼劑療法。

　　漢醫全力投入防疫工作，確實也發揮相當大的功效，不僅緩和臺人對於新式防疫措施之排斥與恐懼，也反應臺人積極處理傳染病的態度，及傳統仕紳將社會救濟精神轉化爲防疫工作的過程。這讓日據初期防疫工作得以較順利施行有效控制。

　　在迎神逐疫的同時，臺灣人也開始逐漸接受日本人所推動的清潔衛生觀念。明治三十四年（1901）六月初，士林街有迎神活動。「該管支署曾許所請，而猶念各地疫病易於流傳，必思其法，以預防之。乃召會諸紳，道以此意，宜於賽會之款，抽出四十金，備買藥水，盛多桶於街口。俾入街者滌濯手足，靖盡穢氣，則可遏其傳染。各紳無不俯首而從。」〔註 58〕

　　到了明治三十四年（1901）六月十五日，要舉行霞海城隍的迎神繞境和

　　　月 18 日。

〔註 56〕〈保安醫議〉，《臺灣日日新報》第 940 號，明治 34 年（1901）6 月 22 日；〈輪選醫士〉，《臺灣日日新報》第 947 號，明治 34 年（1901）6 月 30 日，。

〔註 57〕《臺灣歷史人物小傳—明清暨日據時期》，國家圖書館編，2003 年，頁 600。

〔註 58〕〈預防爲重〉，《臺灣日日新報》第 935 號，明治 34 年（1901）6 月 9 日。

祭典的時候，日本的衛生單位就來跟廟方負責人商量如何維持公共衛生，以策安全。這件事在報紙上的報導是這樣的：

> 臺北霞海城隍相傳陰曆五月十二日降誕，每年於五月十三之日，廈郊必舉行恭迓城隍之事。善男信女隨鏧拈香，臺閣雜劇，與夫他神之逐隊者，更復擁擠不開，誠推臺北賽會之冠。今又日期在即矣。經四出遍貼香條，蓋如世俗之揭帖也。想到時必有嘆觀止矣之盛。唯聞支署以黑疫未艾之故，深慮有傳染諸弊，故召值年司城隍之事者，與議所以消毒之法，略仿士林街迓媽祖之事，或納款由官消毒，或民間好自爲之，均聽其便。而一二無議之輩動曰：何至迓神亦需納費？眞井蛙而語天。〔註59〕

1902 年有 16 次迎神賽會。其中 7 次是爲了鎮壓鼠疫。在這 7 次的迎神活動中，3 次在大稻埕，都是迎請關渡媽祖，另外有 4 次爲平靖霍亂而行的迎神賽會，分別在是年的九月底在大稻埕的中街、南街和北街舉行。接著是葫蘆島和杜厝街，也都是迎請關渡媽祖。

比起前一年來，這一年的迎神活動少了很多。原因並不清楚。有可能是《臺灣日日新報》的編輯方針改變，少報導迷信色彩濃厚的迎神逐疫，多宣揚因清潔而得的防疫成效。因爲這一年已經出現批判迎神逐疫的聲音。六月二十二日〈作爲無益〉條云：

> 自觀（關）渡媽祖入臺北以來，東請西迎，破鈔已是不少。及近聞得二、三重埔一帶，亦擬於本月二十日恭迓媽祖繞境。想各庄蟬連而下，或須數十日，乃能告成。際此人民澆薄，家鮮餘糧，救死方且不暇，何又作此破鈔之舉？嗟乎，安得有心人爲之轉移風氣哉！

同年七月二十三日〈稻疫宜防〉條云：

> 稻江鼠疫時起時報，其間如李厝街、大有街者，因見各地皆藉觀（關）渡媽祖，以爲護身符，遂於日前，一連恭迓三天，自以爲必獲神佑矣。不謂是甫畢，鼠疫即大起。而李厝街尤慘不可言。吁，彼以觀（關）渡媽祖爲護身符，而鄙清潔爲多事者，是亦以悟矣。

〔註59〕〈城隍盛典〉，《臺灣日日新報》第 942 號，明治 34 年（1901）6 月 15 日。

第八節　小　結

鼠疫誠然是一種可怕的傳染病。在臺灣，前後肆虐 22 年。總共有鼠疫患者 31,351 人，死亡 24,072 人。總體死亡率是 76.78%。

從表 7-1 歷年鼠疫患者的統計表看，它的流行似乎是自有一套規則。1901 和 1904 是兩次高峰，1908 年突然減少。1910 更是少到只有 19 名患者。然後又增加，在 1915 年再度急速減少。最後兩年，只有個位數的患者。患者數目一直在變動，可是死亡率卻一直高居不下。面對這樣的成果，從事公共衛生和西醫療法的人都宣稱是他們積極防治的成果。但是，這個統計表卻清楚的在說，鼠疫的流行是有它內在的規則，不是人可以完全明白和控制的。

鼠疫，乃至於所有的傳染病，最先都是流傳於人口密集的大都市，如臺南、大稻埕、艋舺等地。這些大都市的人們一方面藉助神明的力量，在信息的層面，做淨化的工作；另一方面，藉用現代的公共衛生知識，推行社區、家屋的清潔和消毒，再加上發明了抗生素盤尼西林。在多方面的努力下，鼠疫逐漸退出大城市，轉向中南部的小街市發展。最後一個鼠疫病例是發生在嘉義的朴子街。從統計數據來看，這個傳染病的死亡率確實可怕。

流行病是有一定的運轉週期和特定的時空環境，當時的論者只以眼前所見為憑據，率爾以論，乍看之下，似乎有理。而一般人民不易察鑑此中的差別。在新聞報導的刻意引導下，臺灣的漢人越來越不相信神明的護境威力，而相信所謂的清潔之法，也就是現在所說的「公共衛生」。於是迎神逐疫活動慢慢的消沉下去，代之而起是清潔消毒。

這次鼠疫也是人類有史以來第一次實地調查、研究。法國細菌學者耶先（A. E. J. Yersin, 1863-1943）發現病源細菌，人們才對鼠疫有較多的了解。直到第二次世界大戰之後，因為發明了抗生素盤尼西林，方才逐漸控制住鼠疫的流傳。這次鼠疫起源於雲南，沿江河而下越南、香港、廣東、臺灣、福建、上海、山東、乃至於東北三省。當時的北洋政府成立「防疫總局」，委請從美國回來的伍連德主其事。後來伍連德和王吉民把這次的防疫經過，寫成專書〔註 60〕，於 1935 年在上海出版。由於當時臺灣已不是中國的領土，在書中，也就完全不提臺灣的鼠疫情形。

過了一百年，在 2003 年又有 SARS（非典型肺炎），臺灣各地所採取的對

〔註 60〕 Wong, Kitmin and Wu Lien-the, History of Chinese Medicine, Shanghai: National Organization of Medicine, 1935.

策，跟百年前的鼠疫、霍亂的清潔消毒之法，基本上沒有什麼不同，同樣是洗手、消毒、清掃環境、減少出門等項。也就是說，西方醫學在公共衛生這個領域中，沒有什麼長足的進步。醫學不可恃，神明不肯信，這是現在臺灣人無可奈何的悲哀。

第八章　傳統與蛻變（1897～1923）

霞海城隍廟的廟宇雖小，可是在日據時代，每年五月十三日的迎神繞境，與臺南大天后宮、北港媽祖廟齊名。依其時代的特性，把日據時代的霞海城隍廟的迎神賽會活動姑且分成兩個階段。

第一階段是從 1897 年到 1923 年。由於清代的臺灣沒有像報紙之類可以逐日記載的資料，我們無從得知那時候的迎神賽會是什麼樣子。可是在日據之初，就有了「臺灣新報」「臺灣日報」以及後來的「臺灣日日新報」。從初期的報導中，我們可以清楚的看到霞海城隍廟迎神賽會在前清時的原始風貌。這種風貌維持到 1917 年，方才發生重大的變化。

1917 年臺灣總督府為了慶祝始政二十年，舉辦現代化的花車遊行，當時的日文是作「假裝大遊行」，臺北各商號都參與其事，提供花車。臺南、學甲等地的廟會活動立即跟進，把原先的藝閣加上「商業廣告化」這個因素，大獲好評。臺北方面受到雙重的刺激，有心人在報章上的大聲呼籲，從 1919 年起，也在霞海城隍祭典時，推出商業廣告的藝閣，當時稱作「詩意閣」。在 1920 年時正式完成這種蛻變。

1920 年在乾元行蔘藥號的支持下，展開正式的藝閣競賽。聘名士為評審，製作金牌以為獎勵。這種競賽讓原來具有「好勝爭雄」性質的藝閣遊行，更形激烈。實行三年，就嘎然而止。

第二階段是從 1924 年的廢止評審競賽之後，到 1943 年臺灣總督府明令停止活動。由於各方都積極參與，在商會、商人、政府和報紙的推波助瀾之下，邁向極致，登上頂峰，因此，從 1920 年到 1936 年的十六年間，是「登峰造極」的年代。這種非凡的熱鬧由於日本帝國逐步走向戰爭而被迫停擺。

這種情形有點像日本文人、武士對於「生命之美」的認知，生命是要在最燦爛的時候結束，才是眞正的美。

接下去的兩章中，都是以《臺灣日報》、《臺灣新報》和《臺灣日日新報》爲主要材料，分成「傳統與蛻變」和「登峰造極」兩個階段，逐年記錄有關的報導，讓讀者可以很清楚的看到，如何從一個地方的廟會活動逐步發展成爲轟震全島的大廟會。

一、1897 年

在明治三十年（1897）的五月二十一日，《臺灣新報》在第一版刊出一則題爲「城隍幽居」的報導，從這篇報導中，我們可以知道，在清末和日據初年，霞海城隍祭典的概貌。這篇報導的文筆非常好，帶有濃厚的故國情懷。特別是文末，關心三年沒有迎請霞海城隍出來繞境兼散心，一定會覺得鬱悶。讀起來，別有一番故國離愁的滋味。茲抄錄於下：

> 大稻埕霞海城隍爲臺北崇尙之神，每年五月十三日即恭迎遊境。其
> 旌旗鑼鼓，實不可以千百計，而臺閣雜劇尤多出人意表，眞非他神
> 可比。自帝國領地後，料理城隍事務者，俱買棹內渡。故至今停迎
> 三年。月前，各街長會議，謂年來疫氣良盛，未必非此之故，今年
> 務須加倍鬧熱。不意日前遭劫，各街長遂大有退心。惟城隍幽居許
> 久，應未免抑鬱難堪也，其何以散悶哉？〔註1〕

這一年到了霞海城隍祭典前後，從農曆五月十一日起，臺北附近各村莊的男女老幼就紛紛肩挑牲儀酒醴，排列在廟前空地，虔誠叩祝。由於人數眾多，使得霞海城隍廟附近販售香燭、金銀紙的小販，利市三倍。〔註2〕警察鑒於前來燒香和金紙的人太多，因而規定凡是燒金紙一律在廟門之外的空地。而且只准在白天爲之，下午六時之後，不准再燒金紙，違者一律究辦。〔註3〕

這一年沒有迎神繞境的活動，只見來自各方的香客帶著牲體前去獻祭、燒香和燒金紙。由於香客人數眾多，報紙用「人山人海」來形容之。

〔註1〕 〈城隍幽居〉，《臺灣新報》第 212 號，日刊 1 版，明治三十年（1897）五月
　　　　二十六日。

〔註2〕 〈心誠求之〉，《臺灣新報》第 229 號，日刊 1 版，明治三十年（1897）六月
　　　　十二日。

〔註3〕 〈防火綦嚴〉，《臺灣新報》第 229 號，日刊 1 版，明治三十年（1897）六月
　　　　十五日。

二、1898 年

　　《臺灣新報》和《臺灣日報》於本年五月二十日合併爲《臺灣日日新報》。本年的祭典是在七月一日。在第 49 號的《臺灣日日新報》就用日文簡單的報導了霞海城隍祭典的消息：

> 大稻埕城隍廟及其祭典昨日舉行。此祭典自本島歸入我帝國版圖以來，一時中止，到去年尚未有一回，本年天下太平，方才有熱鬧的大祭典〔註4〕。

　　在漢文版的報導就非常詳細。有三則相關的報導。第一則報導是在期盼恢復熱鬧的迎神繞境，讓鬱悶久矣的霞海城隍可以稍舒鬱氣。全文如下：

> 大稻埕一帶人民崇奉城隍已非一朝一夕矣。故每年當壽誕之期，必周圍遶境，而於夜間時候大放煙火，以致來觀者人山人海，安能屈指數之。自王師東下，此典幾於廢止，今地方已慶昇平，復於舊曆五月十三日遶境。先二、三夜，則帶同八將暗訪，以期一邑之平安。聞是日比前年加倍熱鬧，藝枰臺閣俱欲推陳出新，則此番之賽會蓋非首倡之踵事增華，殆欲以稍舒城隍之鬱氣耳。〔註5〕

　　第二則報導全文如下：

> 稻江一帶擬於近日舉行城隍賽會，遠近人民悉皆週知。每郊戶亦備臺閣雜劇，以期推陳出新。只香港一郊新爐主竟埋頭藏身，並無酬謝何物。昨郊內有一二好事者，遂與新爐主爭長短。謂我香港一郊，約計百餘間，又非欠孔方兄，如何反讓他郊以威風？該新爐主听其所云，遂答之曰：「如是，我則郊謝一極美蜈蚣閣，兼新奇落地掃，庶幾可以壓倒諸郊。」於是即分頭幹辦云。〔註6〕

　　這一則報導告訴我們兩件事。第一，在這一則報導中，有「我則郊謝一極美蜈蚣閣」的說法，重點在「謝」字，「郊謝」表示由郊商提供蜈蚣閣來答謝神恩，乃至以後的詩意閣、音樂團、八家將、獅陣等日本人所說的「遊藝團體」，都是出於「酬謝霞海城隍的保佑」這種信念。第二，文末有「庶幾可

〔註4〕　〈城隍廟祭典〉，《臺灣日日新報》第 49 號，日刊 4 版，明治三十一年（1898）七月二日。

〔註5〕　〈推陳出新〉，《臺灣日日新報》第 50 號，日刊 6 版，明治三十一年（1898）七月三日。

〔註6〕　〈壓倒諸郊〉，《臺灣日日新報》第 50 號，日刊 6 版，明治三十一年（1898）七月三日。

以壓倒諸郊」一語，透露出郊商在城隍祭典時提供藝閣或蜈蚣閣是出於「競
爭心態」。臺灣民間「輸人不輸陣」的氣概在此展露無遺，這種心態更貫穿了
百年的迎神繞境時的熱鬧。

　　至於迎神遶境的實際情形，如以下第三則的報導：

> 月之一日，即舊曆五月十三也。是日恰值稻江城隍壽誕。該地人民
> 因賽會之典，自王師東下，經已停擱三年。今地方安靜，即時大復
> 舊觀。每郊戶酬謝臺閣雜劇，俱皆爭一個勝字。諸藝枰統計十有七
> 閣，落地掃算有七陣，且蜈蚣閣三、四閣，花轎數十乘。其中最推
> 陳出新者，則如布郊，冠乎第一。他如隨香人員，或步行，或坐轎，
> 屈指一算，不下數千餘人。但此番賽會前兩三天，亦有鳴鑼示眾，
> 謂跳童一事不得依舊如故。無如作童乩者非跳童則無以展其威風。
> 遂互相擬議曰：我等乃率由舊章，倡首者何得阻撓？故於是日有五、
> 六人仍作某神聖附身，甚覺威風凜凜。不料迎至半途，忽逢警察撞
> 面而來，竟將若輩盡行趕下。噫！若輩果有某神聖附身，則神通廣
> 大，豈容警察趕下乎？〔註7〕

　　我們從這一篇報導又知道兩件事。第一，各個郊商提供可供社會大眾觀
賞的藝閣、落地掃、蜈蚣閣等。而且私下還有所品評。這種品評動作到了 1920
年代發揮到極致。第二、日本人據臺之後，不允許有「跳童」一事。這種報
導只見於 1898 和 1899 兩年，以後就不再看到相關的報導。

三、1899 年

　　這一年《臺灣日日新報》有關霞海城隍祭典的報導，以日文為主。目的
是在向日本人介紹這個活動。在題為「城隍廟大祭之景況」的報導中，充分
顯示這種態勢：

> 大稻埕城隍廟街的城隍爺祭從陰曆的五月一日開始，一直到五月十
> 五日，其中以十四日的盛況最為空前。在當天，天剛拂曉時，街上
> 已擠滿絡繹不絕的香客，四周充滿著爆竹的聲響及線香的煙霧。來
> 自四面八方，不管是坐轎子來的還是走路來的人，將這條狹窄的街
> 道擠了個水洩不通，幾無立錐之地。

〔註7〕　〈城隍遶境〉，《臺灣日日新報》第 50 號，日刊 6 版，明治三十一年（1898）
　　　　七月三日。

而香客中，女性比男性要來的多。平日鎖在深閨中的婦女，都在這天盛裝打扮，來此進香。

廟旁惜字堂燒紙的火焰熾烈逼人，原來是因此處城隍爺頗爲靈驗，故深得當地居民信仰。尤其在祈求治癒疾病時，必定會供上豐厚的供品，而在疾病痊癒後，還願的供品還會比祈願時更豐厚。

在廟方辦公室中值得一提的是普願街廈郊爐主陳江流，發放給香客們稱作紙枷的紙製四角形枷鎖套在頭上，做爲參加朝拜的標誌。進香客手持粗長的線香，佛前的供桌上還堆滿了水果、豬肉、鹹光餅等供品。

大稻埕最爲繁華的中街、中北街、南街及附近其他街道上，家家戶戶都在路邊擺著供品，燒著香。

摩肩擦踵的人群到了下午迎接城隍爺回艋舺時，爲了讓出道路給長達將近三十條街的長隊通過，全擠在道路兩旁，形成兩堵人牆。旗、劍、槍和數不盡的巨大人偶（按係范、謝二將軍）、鬼卒（按係現在的八家將）、身上纏著蛇的騎士，還有其他花籠、花轎、藝妓舞臺等內地人（係指日本人）不常見到的玩意兒。

其中鬼卒是由一百七十人戴上各式面具，並化上彩妝，手持寶劍，一路護衛城隍爺到艋舺龍山寺後，再原路返回大稻埕。這樣，當天的儀式便告結束。但在結束之後，家家戶戶會自行點亮燈火，聚在一起開酒會。而行列中的轎子也歡迎各方人家自行加入。這些轎子裡安置著佛像，轎子的外觀裝飾著鮮花，由一家族（宗族？）的人們抬著行進。

藝妓舞臺是由大稻埕的造紙工會和製靴工會出資贊助的。

綜觀其盛況，足可媲美京坂神社之御渡。

而此一遊行的一切費用，全有賴廟方辦公室的廈郊爐主陳爐主向大稻埕各街住戶商家募款而來。每戶人家五圓，商家則不限金額。如此募得的款項，全用在此次遊行之中。

城隍廟在本島的臺北、臺中、臺南幾處都有設置，尤以臺北的信眾信仰最爲虔誠，即使在平日也有大批香客參拜。而昨夜的大稻埕、

艋舺更是盛況非常。當中有些民家還像公餘別墅一般，設宴邀請客
人進門，還有傳統樂團不斷地演奏著音樂，宴會盛況也是盛況非常。

〔註8〕

　　這則報導是日本記者依其日本迎神賽會的認知而下筆，其中多有可議之
處。其一是「金爐」寫作「惜字堂」。其二，迎神遶境的隊伍不應當到艋舺。
因為大稻埕的起始就是因為清咸豐三年（1853）在艋舺的「頂下郊拼」，被
打敗的一方逃到大稻埕定居，而後發展成為大港市。因此，大稻埕的廟會活
動一向不涉及艋舺。會發生這種錯誤，應當是寫這篇報導的日本人記者不熟
悉大稻埕與艋舺的歷史淵源。由於日本記者的漢語能力不足，在日文的報導
中，一直有重複抄襲的毛病。這種說法一直沿用到 1903 年，方才改稱是從
大龍峒保安宮出發。同時，也對遶境時的八家將、七爺、八爺等神像缺乏認
識。

　　這則報導也告訴我們，廈郊爐主陳江流主持這一年的迎神遶境事宜。所
需的經費是向各家收取民間所說的「丁口錢」，店舖是自由樂捐。只是金額太
大。當時的幣值很大，人們平日的花花費，以「錢」為單位。100 錢是 1 圓。
要各家戶出 5 圓，折合 500 錢，那是很沉重的負擔。再看往後各年，偶而會
提到霞海城隍廟會的主要收入，不是收「丁口錢」，而是「賣紙枷」，一個紙
枷的售價從 5 錢到 20 錢不等。一年可以有幾千圓的收入，足夠霞海城隍廟一
年的開銷。

　　這一年從基隆、水返腳、錫口等地搭乘鐵路的火車，前來參觀城隍爺祭
典的乘客人數如下表：〔註9〕

表 8-1　參觀城隍爺祭典的乘客人數

日　期	從 基 隆	從 水 返 腳	從 錫 口
十八日	326 人	78 人	46 人
十九日	427 人	177 人	106 人
二十日	229 人	175 人	115 人

　　從士林方面前來進香者，大約有七千餘人。從新莊、枋橋（今之板橋）

<hr>

〔註8〕　〈城隍廟大祭の景況〉，《臺灣日日新報》第 340 號，日刊 5 版，明治三十二
　　　　年（1899）六月二十二日。
〔註9〕　〈城隍廟大祭の景況〉，《臺灣日日新報》第 340 號，日刊 5 版，明治三十二
　　　　年（1899）六月二十二日。

方向來的人，至少有七、八萬人以上。〔註10〕這是第一次估計在霞海城隍祭典時湧入大稻埕的香客總數。在1896年，大稻埕有60條街，3802戶，27,607人〔註11〕。在1915年的第二次臨時臺灣戶口調查時，大稻埕的人口數是43,424人。估算這一年大稻埕的人口數應在30,000人左右。在廟會時，一下子湧入八、九萬人，大約是常住人口的三倍，當然形成摩肩差踵的擁擠現象。人潮一多，商機無限，大稻埕的店家都大發利市。因此，霞海城隍爺的誕辰祭典帶動地方經濟是必然的事。不僅在大稻埕，在其他各地，尤其是臺南，地方商人也同樣注意到「廟會可以振興地方經濟」的重要性。於是，地方的廟會與地方的商業經濟成了「手心手背」不可分割的關係。

四、1900年

這一年的報導著重於場景的描述。在祭典前幾天，就有「依例遶境」的報導：

> 稻江城隍爺年年逢舊曆五月十三日定依例遶境，前兩夜則夜間出巡。屆期人民破費約以數萬計。此次將及，其時由廈郊爐主辦理。昨夜經提稟稻艋兩支署，均蒙允准。現已四處遍貼香條，想到期有一番大熱鬧耳。〔註12〕

這則報導透露兩件事。其一，迎神繞境活動必需事先得到轄區警察當局的許可。其二，在祭典開始之先，要在臺北各地遍貼香條，告訴各地的民眾，五月十三迎城隍活動要開始了。

到了六月七日，對於今年迎神活動的內容做稍為詳細一些的報導：

> 大稻埕霞海城隍邑人所共奉爲鼻祖也，歷年舊曆五月十三日游境，類費金以萬計，而當十一、十二兩夕，必裝三十六關將（按：應是「官將」之誤）暗訪，猙獰怪狀，意欲恐嚇邪魔。聞日來善男女均爭謝臺閣，擬較去年尤勝，雖云求福使然，亦見昇平之世雅尚奢靡也。〔註13〕

〔註10〕　〈城隍爺祭典の參觀人〉，《臺灣日日新報》第342號，日刊5版，明治三十二年（1899）六月二十三日。

〔註11〕　魏德文主編，高傳棋編著，《臺北建城120週年》，臺北市政府文化局，2004年9月，頁22。

〔註12〕　〈依例遶境〉，《臺灣日日新報》第613號，日刊6版，明治三十三年（1900）五月二十日。

〔註13〕　〈媚神求福〉，《臺灣日日新報》第627號，日刊4版，明治三十三年（1900）

同日，對於廟前祭祀供品的盛況也有所描述：

> 稻垣城隍廟向以舊曆五月十日預結布棚於廟埕，列桌滿前，爲眾民
> 祭祀樽俎之地。數日來，朝夕往祝，絡繹不絕，日計數千。迨十三
> 日迎神之期，紅男綠女，乘坐肩輿，執香隨行，填滿道旁，盡其敬
> 神之禮，洵臺北第一之賽會。姑錄之，以紀其盛歟！

到了六月十日，就報導說，來自海山口（今土城）、枋橋（今板橋）、錫口（今松山）、水返腳（今汐止）、樹林、景尾（今景美）、新竹、大料崁（今大溪）、三角湧（今三峽）等地的民眾，在祭典前一日，紛紛湧入臺北，大約有十多萬人。大稻埕的街道極爲吵雜，交通也很混亂。在霞海城隍祭典前後三天內，來自各地的信徒，大量焚燒金紙，香煙晝夜不絕。燒香和燒金紙大約花費了五千日圓，供品大約花費一萬日圓。九日是正式迎神遶境的日子，下午神輿在數萬信眾簇擁下，從大稻埕到艋舺龍山寺，再回到大稻埕。行伍中有各種鎗鋒、旌旗，配以銅鑼、太鼓（註14）。這則報導是用日文寫的，還是說遶境的路線是從大稻埕到艋舺龍山寺，錯誤依舊，可見記者沒有眞正實地採訪。證諸後面幾年的日文報導，用字遣詞大多雷同，表示日文的撰稿人一直在抄襲前面的作品。因此，日文的相關報導只能作參考，不可當眞。

由於擁入的香客眾多，市面的商況也就跟著繁榮。市中各雜貨店，以及銷售蝙蝠傘、夏天的帽子和鞋子的店鋪，擠滿了顧客。本地人所穿的綢絹等物，銷售情況尤佳。（註15）

這一年參加遶境的臺閣有十多組。「霞海城隍之游，是日也，臺閣雜劇以十數。有以瀟灑勝者，有以笑談勝者，有以嬌媚勝者，而所謂本地北管者，則專唱宮商□變徵之音。唯太平歌，專尙角羽，委覺婉約可聽，最後則淘淘然。獅陣間有二三弄巧，固懸辮於隘門之橫木，而乃懸拳擦掌，以鳴得意。不意一人其技術未譜，甫懸門，即如俗之走馬燈，眾皆誹笑之。然一行約萬二千人，類多興會淋漓。」（註16）最後是獅陣。警方仍舊取締在行列中的起

　　　六月七日。

〔註14〕〈城隍廟の大祭〉，《臺灣日日新報》第630號，日刊7版，明治三十三年（1900）
　　　六月十日。

〔註15〕〈城隍廟祭と商況〉，《臺灣日日新報》第632號，日刊1版，明治三十三年
　　　（1900）六月十二日。

〔註16〕〈廟會奇觀〉，《臺灣日日新報》第632號，日刊4版，明治三十三年（1900）
　　　六月十二日。

乩作法的乩童。整個游行遶境的人數大約在一萬兩千人左右。由於天熱，全都大汗淋漓。〔註17〕

臺灣本地人喜歡吃豬肉。大稻埕屠宰場平時每日宰殺四、五十頭豬。有時還賣不完。一旦到了舊曆五月十二日，宰殺的豬隻達三百多頭。十三日更高達四百頭。〔註18〕

人潮擁擠的情況下，難免會有小孩走失。警方在巡街時，看到有獨自啼哭的小孩，就帶回警察派出所，等待認領。〔註19〕

五、1901年

這一年的鼠疫嚴重，在前面已經提過。大稻埕的居民迎請保生大帝、霞海城隍等神明，繞境巡行以消除疫癘的氣氛。繞境的隊伍行經天主堂時，因禮貌問題而與二、三教徒起了爭執。漢文版記述了這一件事的經過：

> 大稻埕以迎神逐疫之故，於昨日路經天主教堂。向來迎神老例，不論何神為主神，神既至，旁觀之人咸需鵠立焉。主神云者，則如五月十三日之迎神，以城隍為主也。禮至隆，典至重也。是時，會有二三教徒，憑欄列坐，迎城隍者連呼起起，教徒哂之以鼻，且大聲曰：我輩素不知諸神為何物，汝欲敬，則敬之，何預及他人。迎神者怒，擲以石。教徒亦以磚瓦相加，幾釀成大禍。幸有曉事者，出為魯連，乃各罷手。頃已，在調停之中，唯一教徒面部被傷見血，想須代為服（敷）藥。〔註20〕

在這篇報導中，也評論了這一次的衝突，認為錯在迎神方面人士的夜郎自大：

> 噫！吁！嘻！觀乎此，則知積習誠難返也。清國以拜跪之禮，至開罪西鄰，爰有驕傲之譏。嘗靜言思之，彼西人最尚基督，初不聞拜跪如何，唯見君主時，間有拜跪者，固知虛文末節，無裨於事也。況清國維新諸子，類以孔子為紀年，其尊崇者，至矣。然第聞其欲廢拜跪之

〔註17〕〈賽會奇觀〉，《臺灣日日新報》第632號，日刊4版，明治三十三年（1900）
　　　六月十二日。
〔註18〕〈倍加於昔〉，《臺灣日日新報》第633號，日刊4版，明治三十三年（1900）
　　　六月十三日。
〔註19〕〈惟眾之故〉，《臺灣日日新報》第633號，日刊4版，明治三十三年（1900）
　　　六月十三日。
〔註20〕〈無謂之爭〉，《臺灣日日新報》第919號，日刊4版，明治三十四年（1901）
　　　五月二十八日。

禮，不聞舊禮有遞加也。乃區區仙道而可夜郎王自大若此乎？書曰：
「滿招損，謙受益」，時乃天道。易曰：「君子謙卑以自牧。」神固聰
明者，豈夜郎王自比哉！迎神諸子何苦擁神以自大〔註21〕。

這一年由於鼠疫嚴重，日本警方召值年的爐主，商量要做效士林街迎媽
祖之做法，或繳錢由官府來消毒，或民間自行辦理消毒事宜。可是，有些雜
音，認爲「何至迓神亦需納費？」報上評曰：「眞井蛙而欲語天也。」〔註22〕

六月二十九日有一篇日文的報導，對祭典當天的狀況有許多描述：

昨天是本島人篤信的城隍爺一年一度的大祭典。大稻埕的熱鬧，無
庸置疑。城內、艋舺等地，也都極爲熱鬧。從黎明開始湧入市中，
參拜者盛裝打扮，互相競爭華美，爆竹聲音不絕於耳，香煙裊裊。
平日處於深閨的婦女，不知春天景物、濃眉翠黛的佳人，也有對著
書窗桌几吟詩作對的才子，穿上綾羅綢緞，或坐轎、或徒步，引起
來往之人關注。看到好像是禮拜的香客，脖子上掛著四角形的紙枷，
也有手持粗長的線香的，也有手拿旗子的，也有手握長劍的，也有
抬轎子的，也有臉塗各式色彩的。他們招遙過市，不得不承認是一
種奇習異俗。初次看到的内地人，覺得很新奇。今年，因爲有流行
鼠疫，特別注意不使人群擠成一團。另外，給予編排隊伍，禁止在
市中練習，跟往年比起來，應該有些寂寥。但實際上，如同往例安
置佛像、轎子，諸多的練習，二、三十人一群，在狹窄的道路上，
因到處是人群而顯得擁擠。鼓聲吵雜，震耳欲聾。其中最繁華的中
街、中北街、南街等的家家戶戶，如同往例，在戶外陳列供品、燒
香，行人來來往往擦肩而過，不易通行。〔註23〕

從這篇報導，我們可以看到，當霞海城隍爺誕辰前後兩天，不但是大稻
埕，連城內和艋舺等地，也都極爲熱鬧。人潮從黎明起，就開始從四面八方
湧來。前來進香的人都盛裝打扮，衣冠整齊。平日處在深閨的婦女也盛裝打
扮，或坐轎，或徒步，前來燒香。有許多虔誠的信眾會在脖子上掛一個四方
形的「紙枷」，手上拿著長長的線香，也有拿令旗，或長劍者。這種景象對日

〔註21〕 同上註。
〔註22〕 〈城隍盛典〉，《臺灣日日新報》第 942 號，日刊 4 版，明治三十四年（1901）
　　　　六月二十五日。
〔註23〕 〈昨日の城隍廟大祭〉，《臺灣日日新報》第 946 號，日刊 5 版，明治三十三
　　　　年（1900）六月二十九日。

本人來說，是非常新奇古怪的。日文的報導直指是「一種奇風異俗」。

　　由於鼠疫流行，日本警方要求人群散開，不許擠成一團，實際上依舊是擁擠不開。「鼓聲吵雜，震耳欲聾，其中最繁華的中街、中北街、南街等的家家戶戶，如同往例，在戶外陳列供品、燒香。來來往往，擦肩而過，不易通行。」

　　這一年有好事者用扶乩的方式，在媽祖宮降乩，宣稱霞海城隍原先是姓「白」，現在改派姓「蔡」的神明來主事，到任方才半年。並留下七言絕句兩首。這種事情在當時很常見，廟方不理會這種傳說。報上則評曰：「邇來新任諸神，生前之富家翁，且子孫發達未艾者，如後壠王記前主人現爲某缺土地之類。噫嘻，初不知天上亦重財神如此，何怪乎支那之捐納難廢也。」〔註24〕

六、1902 年

　　這一年的臺灣北部是個乾旱的年份，春雨很少，農田爲之龜裂，於是各地都有祈雨的活動。大稻埕雖是商業地區，也同樣的舉行祈雨的神壇。四月十六日的報導是這樣寫的：

> 數月來，淡地壠畝苦無甘雨，農人荷鋤而望，甚恐青黃不接，各地紳耆屢爲祈雨之計。昨大稻埕城隍廟亦建神壇於庭外，以求降雨，果連日甘雨大下。其廟祝乃鳩金街眾，備置粿品，演唱梨園，以答謝彼蒼云。〔註25〕

　　這一年只有日文的報導。報導的寫法和用字遣詞，跟前一年的報導，幾乎相同。讓我們不得不有所警惕，日文記者寫報導時，不是現場採訪，只是改寫前一年的舊稿。這篇報導是這樣寫的：

> 大稻埕城隍廟於每年陰曆五月十二日至十四日舉行大祭。昨日是本祭典的開始。近的從海山口、枋橋、錫口、水返腳、八芝蘭、景尾，遠的從滬尾、新竹、三角湧、大料崁等地，十數萬的信者來參拜。大稻埕的熱鬧，無庸置疑，城內、艋舺等地，也都極爲熱鬧。從黎明開始湧入市中，參拜者盛裝打扮，互相競爭華美，爆竹聲音不絕於耳，香煙裊裊。平日處於深閨的婦女，不知春天景物、濃眉翠黛

〔註24〕　〈城隍換任〉，《臺灣日日新報》第 946 號，日刊 5 版，明治三十四年（1901）六月二十九日。
〔註25〕　〈答謝彼蒼〉，《臺灣日日新報》第 1084 號，日刊 4 版，明治三十五年（1902）四月十六日。

的佳人，也有對著書窗桌几吟詩作對的才子，穿著綾羅綢緞，或坐
轎、或徒步，引起來往之人關注。街道極為嘈雜，混亂無比。每年
此三日，各信者在廟前燒紙錢、燒香，晝夜不絕，其價格大約可達
五千圓，其供品可達一萬圓以上。昨天下午，神轎如同例年被無數
信眾抬著繞大稻埕各街，朝向艋舺，暫時駐屯於龍山寺，再回到大
稻埕。參拜者的樣子跟往年一樣沒有變化，今年淡水、新竹，因為
火車開通，從很遠的地區來參拜的人很多。如同往例，脖子掛四角
形的紙枷，也有手持粗長線香的，也有手拿旗子的，也有手握劍的，
也有抬轎子的，也有臉塗的各式色彩的。內地人看著新奇。又前天
在淡水河畔，打了十數發的煙火。過了中午以後，舉行煙火，從傍
晚來參觀的人很多。〔註26〕

　　唯一增加之處是有關淡水和新竹開通火車的報導。在日人據臺之後，由
於基隆港尚未建成，主要的貨物輸出和輸入都在淡水港。於是著手興建臺北
通往淡水的鐵路。在 1901 年 8 月 25 日完工通車。總共有八個站。臺北的起
站是「臺北停車場」（後來的臺北火車站的後站）。1902 年 2 月 1 日新設的「大
稻埕驛」（大稻埕車站）新建完成，1903 年成為淡水線的起站。1916 年 8 月
17 日改為貨運站，淡水線客車不再行經此站。1937 年 12 月 1 日廢止。位置
在現在的中興醫院附近。

　　在 1893 年（清光緒十九年），鐵路已通到新竹。日人據臺之後，全面整
建清代留下來的鐵路，汰換下來的材料用來建淡水線。到 1901 年時，舊有的
基隆至新竹段已整建完畢。1902 年時，可以從新竹乘火車到大稻埕來進香，
下車的地點通常是在艋舺站。在六月二十日的報導中，就特別強調在霞海城
隍廟會的三天內，火車乘客突然增加許多，收入也隨之大增。報導中沒有提
到人數，只說鐵路的總收入，在六月十七日（五月十一日）是達二千七百圓。
十八日也不下二千圓。其中乘客最多的是基隆線，該線收入跟去年相比，如
下：〔註27〕

〔註26〕〈昨天の城隍廟大祭〉，《臺灣日日新報》第 1238 號，日刊 5 版，明治三十五
　　　年（1902）六月十九日。
〔註27〕〈城隍廟大祭と滊車收入〉，《臺灣日日新報》第 1239 號，日刊 5 版，明治三
　　　十五年（1902）六月二十日。

表 8-2　收入比較表

	1902 年	1903 年
五月十一日	165 圓 90 錢	249 圓 42 錢
五月十二日	350 圓 87 錢	684 圓 61 錢
五月十三日	355 圓 50 錢	257 圓 80 錢
合　計	872 圓 37 錢	1,241 圓 83 錢

七、1903 年

　　明治三十六年（1903）四月十九日刊出一篇探討臺灣人民宗教信仰分布狀態的文章。以 603 名監獄受刑的臺灣人爲樣本，進行調查。宣稱自己完全沒有宗教信仰者有 335 名，有宗教信仰者 268 名，得到以下的數據：

　　　以信仰種類而言：

　　　　　祈禱幸福者　　　　　　　115 人

　　　　　祈求有錢　　　　　　　　59 人

　　　　　祈求全家平安　　　　　　51 人

　　　　　信仰知惡爲善　　　　　　19 人

　　　　　盲目信仰者　　　　　　　24 人

　　　信仰源自何處種類如下。

　　　　　從自己思考而信者　　　　116

　　　　　祖先傳來的　　　　　　　67

　　　　　根據他人傳聞而信者　　　33

　　　　　因父親教導者　　　　　　31

　　　　　因接受布教師之教導　　　16

　　　　　因接受母親教導而信者　　9

　　　　　因父兄陪伴而加入宗教者　8

　　　　　接受宣教師的教導者　　　1

　　　又上述之囚犯的教育程度，不識字者 427 人，會唸自己的姓名而且

　　　能寫者之中，又懂三字經、四書五經者，176 人。

這是第一次有關臺灣漢人的宗教信仰狀況的調查。有一半的受訪者表示自己沒有宗教信仰。有宗教信仰者，主要是受傳統的影響。

　　在五月十一日在日文版上先披露消息，說是由於今年鼠疫爲患不嚴重，

下個月七日至九日的霞海城隍祭典應當會非常熱鬧。〔註28〕

　　在六月十日的〈城隍賽會〉的報導中，大約估算今年的人數，全文如下：

　　　　昨日爲城隍祭典之期。雖市區改正，車路較廣。然本年熱鬧異常，
　　　　觀者如堵。熙熙穰穰，彼往此來，幾幾乎途爲之塞。據當局中人云：
　　　　本日作壁上觀者約四萬餘人，與迓之人及隨香諸善男信女，亦有萬
　　　　餘人。試將各户計算，所費當不下十數萬圓。亦可謂巨矣。是日午
　　　　前八點餘鐘，都在大龍洞（保安）宮齊集。午迓點餘鐘，方起行繞
　　　　境，其時鑼鼓喧天，旌旗蔽日，蓋已如入五都之市，令人目眩心亂
　　　　矣。〔註29〕

　　由於霞海城隍迎神賽會有極大的吸引力，新竹以北的中壢、宜蘭、基隆、
瑞芳、暖暖街、淡水等地，前來臺北的香客大增。枋橋、樹林、鶯歌石三站
爲便利乘客，特別發售來回票，票價打八折。同時，這三站附近的人士亦有
搭船前來臺北者。報上特別列表說明霞海城隍賽會期間火車乘客人數的變化
情形：〔註30〕

表 8-3

日　期	乘　客	收　入
6月7日	5,276 人	3,096 圓 60 錢
6月8日	5,592 人	3,027 圓 33 錢
平　日	1,700 人～1,800 人	1,600 圓～1,700 圓

　　報上說：「按北部全線鐵道收入，自開辦以來，至此初見一日有三千餘圓
之多額。……如此七、八日收入三千圓以上，比較平日收入一千六七百圓，
實見二倍增額。兩日間之入出如何多數，概可知矣。」〔註31〕跟 1898 年的報
導相比，就知道成長了十倍有餘。在 1898 年時，一天來幾百名乘客。而今年

〔註28〕　〈城隍廟の大祭〉，《臺灣日日新報》第 1515 號，日刊 5 版，明治三十六年
　　　　　（1903）五月二十一日。
〔註29〕　〈城隍賽會〉，《臺灣日日新報》第 1532 號，日刊 3 版，明治三十六年（1903）
　　　　　六月十日。
〔註30〕　〈城隍廟祭と北部鐵道〉，《臺灣日日新報》第 1533 號，日刊 5 版，明治三
　　　　　十六年（1903）六月十一日。〈迎城隍鐵道增收〉，《臺灣日日新報》第 1534
　　　　　號，日刊 3 版，明治三十六年（1903）六月十二日。
〔註31〕　〈迎城隍鐵道增收〉，《臺灣日日新報》第 1534 號，日刊 3 版，明治三十六年
　　　　　（1903）六月十二日。

已增加爲五千多名，可見北部民眾已開始習慣乘坐火車了。

　　對於迎神繞境的盛況則記錄於六月十日的雜報中，用日文寫的。全文如下：

> 從七日到昨天（九日），大稻埕城隍廟口街的城隍廟祭典非常熱鬧。來自各地的信眾攜帶各種爆竹、餅、線香、豬肉、鹹光餅等供品，前來燒香。有數萬之眾。連平時深居不出的良家婦女也都盛裝而出，或乘轎，或徒步前來燒香。從景尾、淡水各地前來的轎子，停滿了城隍廟附近的空地。香煙裊裊，彌漫在廟前所搭的大棚內。棚內擺滿了各式各樣的供品。廟前右手邊的金爐（日文仍寫作「惜字塔」）中，所焚金紙的火焰熊熊，溫度也很熱。市中的遊行，最先是有開路牌，接著是手執刀槍棍棒各式武器的隊伍，奇形怪狀。又有一種乩童，乘坐神轎，手拿武器，斫傷身體，以示神靈的附身。遊走各地，預言吉凶。此輩更有過火的儀式，並演各種武術用的拳法和槍法。〔註32〕

這一年也出現了有關廟會期間，大稻埕布商收益情形的報導，如下：

> 大稻埕之爲布帛商者，大小有二十餘家。聞自本年一月以降而比例之。其營業之狀況，實以舊曆正、五月爲佳。統計每店日收二百圓。蓋一爲山茶之價大漲，茶園之人多餘裕。一爲適值霞海城隍祭典之期，男婦爭爲妝飾也。比及本月，而勻計每店一日之所收，軋不滿百圓矣。試比之四年前，其商況似未易恢復也。〔註33〕

八、1904 年

　　這一年有關霞海城隍廟會的報導不多，漢文與日文各有一則報導。日文的報導在先，全文如下：

> 從昨天開始，五天之間，是本島人皈依甚深的城隍爺一年一的大祭。大稻埕的城隍廟從早到晚，都有人燒香參拜。男女老幼都盛裝前來，互相競爭華美，爆竹聲音不絕於耳，香煙裊裊。平日處於深閨的婦女，不知春天景物、濃眉翠黛的佳人，也對著書窗桌几吟詩作對的

〔註32〕〈城隍廟人祭〉，《臺灣日日新報》第1532號，日刊3版，明治三十六年（1903）六月十日。
〔註33〕〈大稻埕布帛商近況〉，《臺灣日日新報》第1565號，日刊5版，明治三十六年（1903）七月十九日。

才子，穿著綾羅綢緞，或坐轎、或徒步，範圍大體上是在距大稻埕
七、八里之內。街道極爲嘈雜，混亂無比。

此等參拜的人很多，脖子掛著四角形的紙枷或刀枷，或用三把劍弄
成三角形的樣式掛在脖子上，弄個特殊的髮型，祈求病痛早癒而前
來參拜。其他手持粗長線香、拿著進香旗子的人，不勝枚舉。其中
最特別的是，二十六號舊曆十四日的大祭典，有臉塗得五彩繽紛，
扮成鬼的造型的隊伍。漂亮的少女打扮的華麗，站在神轎上面，扛
著神轎的人到處繞巡。大家擠到放有神像的轎子，跟著繞巡。其行
列有千人。另有一群二、三十人擔著神像到處繞巡。只是，狹窄的
大稻埕，這五日間，眞的很擁擠。這種盛況，無例可比。

五里、十里等短程距離的轎子，都湧入臺北，仍然不敷租用。大祭
日總是在下午從艋舺到城隍廟，僅僅十數町，出現轎子要四圓的高
價，成了每年的慣例。但今年祈求戰勝，五天的祭典，爆竹煙火聲
晝夜不停，因此比往年更熱鬧。

在漢文版的報導中對整個迎神活動做總括描述：

島人於迎神賽會之事，莫不竭誠盡敬以爲之，雖因此而至家傾産蕩，
亦其所不辭也。蓋謂人若眞心事神，不特一切災厄，神必爲我佑，
且可藉邀幸福，此其敬信之心，所以牢不可破者。稻津每年於舊曆
五月十三日，必迎該地城隍繞境，臺閣雜劇之盛，推爲全臺第一。
故往來男女，如山如海，彎街僻巷，亦擁擠不開。其時，執香燈以
從神後者，不下萬餘人，而徘徊道左以觀者，尤數倍焉。且豈特是
日始如是而已哉。當其四、五日前，即已熱鬧異常，往來如織矣。
據深知其事者云，統計是日所費，實無慮十餘萬元。且曰：本年因
祈禱戰勝〔註34〕，擬較往年倍加熱鬧，好事者爲之狂喜，想屆時必
有大可觀者云。〔註35〕

九、1905 年

明治三十八年（1905），已經注意到迎神廟會活動會帶動地方的商業買

〔註34〕 這是指日俄戰爭，1904 年 2 月 6 日～1905 年 9 月 5 日。
〔註35〕 〈恭迎城隍〉，《臺灣日日新報》第 1845 號，日刊 6 版，明治三十七年（1904）
六月二十六日。

氣，也提到主事者廈郊最主要的收入是販售紙枷。每個紙枷售價二十錢，可以賣出五千多個，總收入就在萬元以上。這時候，縱貫鐵路還未全線通車，前來燒香的人潮主要是來自臺北周圍數十里的範圍，乘船或乘轎而來。這則報導是這樣寫的：

> 本島廟宇極多，其香火繁盛者亦不少。如笨港媽祖、臺南之五福大帝皆是也。然其尤最者，則莫如大稻埕之霞海城隍。該城隍之祭典在陰曆五月十四日，例於前一日舉行繞境之典。是日有廈郊爐主以掌其事。凡欲帶紙枷以隨香者，必先由廈郊爐主購之，每號取其二十錢，其數皆在五千餘焉。而臺閣雜劇，與夫步行隨香者，亦不下二萬人。其所費亦不知凡幾矣，且其影響所被極大。祭典前後，每日具粢牲來奠者，皆絡繹不絕。廟前終日無立錐之地。他處之來奠者姑勿論。若大稻埕全部四千戶，則無貧無富，多者所費數十圓，少或數圓。殆無一家不然者。故大稻埕各種商況，數日來，頓有活活潑潑地之觀。蓋四方來觀者甚眾，各物自然為之暢銷。尤其間多來自數十里外者，舟車之利，遂益驟增倍蓰也。謂為本島人第一之祭典，不亦宜乎？〔註36〕

同一天，在日文版上也有相似的報導：

> 本日是陰曆的五月十三日。如同往年，大稻埕城隍廟舉行大祭。該廟的內外，有種種的裝飾，其周圍掛有海霞城隍爺祭拜的幔幕。眾人來參拜，祈禱萬福平安。此日，從各地方有數萬人湧入，是本島第一的祭典。餘興節目有大稻埕本島人藝妓群齊出，奏樂、表演跳舞，這些都是由大稻埕紳士捐錢。另外有神轎在各街道出巡。從下午三點開始，在好幾個地方有臺灣人的演戲。到晚上十點，奏樂演出還持續進行。〔註37〕

在六月十七日，日文版以〈城隍廟的熱鬧〉為題，報導了這一次迎神繞境的盛況：

> 此日的餘興節目，最吸引眾人目光的是本島藝妓群齊出。從上午九

〔註36〕〈本島第一之城隍祭典〉，《臺灣日日新報》第2135號，日刊4版，明治三十八年（1905）六月十五日。

〔註37〕〈城隍廟の大祭〉，《臺灣日日新報》第2135號，日刊5版，明治三十八年（1905）年六月十五日。

點開始，在大稻埕保安宮集合。每個都盛裝打扮，兩人一組，有十
八組；七人搭乘的蜈蚣閣一組。扛著他們，從大龍峒到土治公埔，
再經下牛磨車，回到大稻埕。下午四點，在日新街市場解散。另有
臉上塗得五彩繽紛，扮成鬼的樣子，也有美麗的少女站在神轎上，
扛著放有神像的神轎到處繞，有很多的行列。還有二、三十人一團
的，擔著神像到處繞，在狹窄的市街來來往往。此祭典之熱鬧，全
島最為是冠。二里、三里近距離的轎子，都湧入臺北，仍然告知不
夠。大祭日總是在下午，從艋舺到城隍廟，僅僅十數町，出現轎子
要七十錢到一圓的高價，成了每年的慣例。本年因農作物豐收，爆
竹聲晝夜不停，也有放煙火，也有演戲的，比去年更為熱鬧。

對於這一兩天大稻埕的商業情況，也有所記述：

大稻埕城隍廟的祭典是全島最盛大的祭禮，跟本島人商業有極大的
關係。祭典前二三日，貨物的銷售大增。比七月中元的盂蘭盆會和
年尾歲末，更為旺暢。祭典當天本島人的商業特別繁盛。購買豬肉、
鴨、雞、魚、蔬菜、海產等物品，人潮擁擠。南街、中街和中北街
各商店的騎樓下，堆滿了各種服裝、鞋子和金紙。住在城內、艋舺
的本島人，都來採購。內地人（日本人）的各種小刀、玩具和藥品
也陳列其中。無論如何，這是一年之中銷售最旺的時刻，臺北附近
的村落人士紛紛前來，以致商況更加繁榮。〔註38〕

十、1906 年

這一年的報導非常簡略，只有兩則有關祭典當天熱鬧情況的日文報導，
以及一篇有關火車乘客的報導。在有關祭典的報導，先有一則具有通告性質
的報導，宣告五月十三霞海城隍祭典即將來臨：

每年舊曆五月十三日的大稻埕霞海城隍廟的大祭，今天當依例舉
行，是一年之中最雜沓的日子。花費在三萬多圓，由大稻埕的四千
多戶人家來負擔。〔註39〕

〔註38〕〈城隍廟祭禮と商況〉，《臺灣日日新報》第2135號，日刊2版，明治三十八
年（1905）六月十五日。
〔註39〕〈城隍廟の大祭〉，《臺灣日日新報》第2452號，日刊第5版，明治三十八年
（1906）七月四日。

在第二天，刊出兩則有關的報導，一則是祭典的熱鬧情形，一則是鐵道載客的人數。在有關祭典熱鬧情形的報導中，用了一些聳動的字句，來形當時的熱鬧情況。這篇報導是這樣寫的：

> 如前面的報導，昨天的城隍廟大祭，無論如何都要算是全臺灣第一的盛大祭典。遠近十里、二十里的街庄人士或乘轎坐轎子，或徒步行走，前來燒香。又，從幾天前開始，有眾多民眾乘坐火車前來。交通機關公布，從第一層遠來參詣者大為增加。

> 這一天，大稻埕各街，家家戶戶都張掛紅布（按係「八仙彩」），桌上擺設種種珍饌，香在燒，炮在放，從不間斷。在中南街、中街、北街，用長竹竿掛上長串的爆竹，放在街道的兩側，點燃之後，發出「拍——蓬」的爆炸巨響。在街上摩肩擦踵的群眾，有如通過火災現場，有燒掉頭髮的女人、有燒傷足部的男人，在整個煙霧當中，擠到連回頭看都很困難。其中，有搭轎子的、掛紙枷的、有拿大線香的。掛著寫有進香的燈籠，來拜拜的傘鉾（日本神社大祭時所用的「華蓋」）、屋臺（賣吃食的小舖或路邊攤）有數百個之多，彼此競相爭豔，由各街道出巡。范無窮、謝必安的巨大人偶開路，奇怪的半白神、鬼的行列、武器行列等等，此種類有幾十組（按係「八家將」），在各街道繞巡。演戲用的人偶跟著到處繞（按係藝杆藝閣）。大稻埕充滿人的嘈雜聲，煙霧瀰漫，都是燈籠，銅鑼喇叭聲震耳欲聾。此大祭典的轎子、人力車，由近鄉遠莊都到城內，大家也都習以為常。又避免昨日的混亂，今天從近鄉來參拜的人頗多。〔註40〕

這篇報導把祭典當時連翻放鞭炮的情形做了深入的描述，是歷年來，描述得最生動的一次。火車的收益一直是新聞關注的焦點，相關的報導是這樣寫的：

> 昨日的大稻埕城隍爺廟祭典，搭火車由各地方來參拜的人，從前天由基隆出發的列車，到臺北車站的有 1,516 人。南部也就是從中壢以北，來得有 966 人。昨天從基隆來的有 1,230 人。從中壢來的有 615 人。此外，從淡水線來的有三百餘人。總數達 4,627 之多。跟去年此日相比，人數稍減。〔註41〕

〔註40〕 〈城隍廟の大祭〉，《臺灣日日新報》第 2453 號，日刊第 5 版，明治三十八年（1906）七月五日。

〔註41〕 〈城隍廟祭禮和火車乘客〉，《臺灣日日新報》第 2453 號，日刊第 5 版，明治

十一、1907 年

這一年由於鼠疫猖獗，在五月份先迎請關渡媽祖、保生大帝和霞海城隍遶境，平靖疫氛。在大稻埕七十多條街道，次第巡行。巡行的隊伍不是只有三尊神像，更有藝棚和雜劇，也就是後來所謂的詩意閣、八家將等，而且是鼓樂喧天，街道爲之阻塞。由於人多，地方商業因而蒙受利益。這則報導是這樣寫的：

> 大稻埕近以鼠疫紛起，防不勝防，遂欲乞靈於神。如效古鄉人儺之意。以關渡媽祖、保生大帝、霞海城隍爲主。自舊曆三月二十七夜以至二十九夜，皆爲暗訪。全市七十餘街，皆次第巡及之。每夜迎神者輒逾二千人。及四月初一日，午前十時許，即在城隍廟邊之曠地齊集，結隊以行者，約三、四千人。有裝藝棚者，有裝雜劇者，皆極如荼如火之盛，兼之鼓樂喧天，街道幾爲擁塞。是夜，尤置大壇於慈聖宮，即供奉三尊神之所，聽街眾前往燒香或敬獻。因此一役，市上商業之蒙其影響者，蓋亦不少焉。按檢疫規則屬行後，凡有發生鼠疫之處，則迎神者不得及之。況此鼠疫蔓延之秋，萬能使七十餘街，皆得目覩神與之出游，以遂其乞靈於神之心，亦可見當道之俯順與情矣。〔註42〕

由於疫情嚴重，恐有傳染的顧慮，差一點就不能舉行遶境活動。最後警方還是批准遶境。因此，報導上說：

> 該城隍推大稻埕一境最靈赫之神，每年舊曆五月十三日，例奉其輿以遶境，從者之眾，殆與北港媽祖並駕齊驅。因而大稻埕之商業界，亦大受其影響。本年以百斯篤（pestilence、ペスト，漢名鼠疫）流行特甚，恐有傳染之虞，遶境之事，幾於不果。及昨忽見通衢孔道，徧貼香條，大書「訂此五月十三日，恭迓霞海城隍遶境」，乃知其事復將行。抑又聞之。街眾方慮心於疫鬼之作祟，常迓關渡媽祖及文昌以禳之。苟於城隍獨不之迓，其慮心當益甚矣，故當道之許之者，亦所俯順與情也。〔註43〕

三十八年（1906）七月五日。

〔註42〕〈大稻埕迎神逐疫〉，《漢文臺灣日日新報》，日刊 5 版，明治四十年（1907）
五月十四日。

〔註43〕〈霞海城隍猶將遶境矣〉，《漢文臺灣日日新報》，日刊 5 版，明治四十年（1907）
六月二十日。

對於這一年的迎神遶境情形，只有一則簡短的報導：

> 舊曆五月十三日，大稻埕依例迓霞海城隍繞境。因前此一連三日，
> 皆陰雨不晴，多窃慮之。至是日忽天氣清朗，與會者益眾，人愈信
> 為神助。及自大龍峒取齊出發，沿道觀者如堵，擁擠不開。統計藝
> 棚有十六、七座。其裝飾最佳者，則洋行幫也。餘亦楚楚可人。他
> 如雜劇樂隊，更覺層出不窮無奇不有，令人眼為之花。自午後一時
> 始，即徧歷各大小街。其告畢也，已五下多鐘矣，其熱鬧不亦可想
> 乎。又越日午後，神輿尚須過火，來從者亦頗不少，饒有如荼如火
> 之盛云。〔註44〕

霞海城隍的祭典每年都很熱鬧，繞境遊行時，不僅是神像，人們更喜歡
觀看隨行的藝閣，品評藝閣的美醜高下，同時也在意這些藝閣是由那些商家
所提供。明治四十年（1907）在遊行隊伍中，最好看的藝閣是洋行商會所提
供的，這種情形導致十年後把藝閣改成花車，加上商業廣告。

不過，這一年對於迎神賽會的整體影響，有一些批評的聲音。在署名「南
樵」所寫的〈謬俗相沿〉這篇專論，對於賽會時種種怪現象，做整體的批評，
主要的焦點還是在於信眾帶「紙枷」跟在神輿後面步行，以示贖罪這件事：

> 大稻埕陰曆五月十三，即新曆六月二十三日，為霞海城隍誕期。姑
> 勿論其源委。惟逐年頻行舊例，該地商人藉此獲利頗豪，踵事增華，
> 全臺南北，為之影響，幾成稻津一大迷魂陣。是日南朔踵至，貴賤
> 賁臨，間有藝妓賭棍，雜陳作奸；奴僕野娼，乘機犯上，靡不欣慕
> 此日之得以成群結伴，優遊行樂。是以有裝神作鬼，獰惡可驚，散
> 髮枷鎖，苦狀堪憐者。遍詢其故，莫不以酬願告。竊思人若有過，
> 貴能速改。若謂病由罪至，罪從過來，則悔改實行，為治罪之對藥。
> 徒以數百文之臭銅，買一紙枷，欲贖無形之十惡，是奪造化之操權，
> 誹神明之私心。愚民自是，斷斷無此理也。際此文明世代，臺北為
> 全島欽式，豈少博學君子，明理義士。但願有志者，現身說法，為
> 我同胞作當頭之棒喝。使有識者，莫譏為野蠻之故態。夫奴隸者，
> 野蠻之胎子也。擺脫奴隸，須入文明，此千古不易之理。國例云：
> 犯法者罪人也，理應受罰。萬邦同然，是固罪犯不得掌義權。茲日

〔註44〕〈霞海城隍繞境概況〉，《漢文臺灣日日新報》，日刊5版，明治四十年（1900）
六月二十日。

男女枷示，無非自表其有罪。其咎悉從心發，則其咎之彰著者可知。
蓋人各有天良之判決。此日枷示，亦不得委諸游戲之觀，實良心有
以證之也。且紙枷非人可自由，而必以錢買，開枷者亦須錢來。諺
云：用錢買枷戴，雖野蠻亦不願作此惡劇，況稍知爲人者乎？有識
者誰不笑其愚且狂哉。嗚呼！堂堂男女，而爲此無益可恥之詭戲；
處此光天之下而爲文明之污點，恥莫甚焉。俗云無癲無狂，不成乩
童。幸而國法不准自戕，故此風自戕。以之移贈夫枷示之男女，亦
不爲苛矣。〔註45〕

南樵在另一篇評論中，不但繼續批評戴紙枷贖罪，更對「霞海城隍」的身份
提出質疑：

去廿四日、即舊曆五月十三日，稻津依年例，迎霞海城隍繞境。男
婦老幼到廟賽願，聚集如雲，熱鬧非常。父挈其子，婦隨其夫。有
坐藍輿者，有步行者，旗燈閃閃，手執瓣香，靜候隨駕。有謂良願
罪犯者，聞須費百二十文，於前一二日，到廟掛號，並取具領狀一
紙。其領狀一段文字，十分矛盾。茲並錄之：具領狀臺北縣淡水縣
溪沙尾信士蔡水俊，因伊媳婦陳氏查某，爲現運不順，身中欠安，
投下懇求憲臺，威靈顯赫，庇佑消災，倘得安康，願當領枷，隨駕
陪罪，以解前愆。今身中痊癒，理合叩謝。今當霞海城隍境主巡察
地方，德庇萬民，應當臺前領罪枷一面，帶負隨駕。限三時滿，伏
乞恩准，解釋前愆，領放回家。自此以後，消災改禍，福壽綿綿，
沾感切叩。明治四十年五月十三日具領狀人蔡水俊。福海門城隍爺，
夫就目前而論，則明明臺北廳也。在清時，則曰臺北府、淡水縣也。
該領狀內，廳縣不符，則住所不對。遽爾定罪，不合於新舊國法。
正直爲神，詎亦效陽官之昏憒耶？且城隍之神，在清國之制，各分
階級，與地方官官位相等，故有都城隍、府城隍、縣城隍之分。在
都者爲威靈公，在府者爲昭應侯，在縣者爲顯佑伯。致祭者爲知府
知縣。城隍之任，謂與陽官同，經三年而一易。今之霞海城隍，似
不循清例，而爲久任者。城隍之神既如上所云，爲冥曹一地方官，
苟人民有罪，必按其情實輕重，而定其罪。其重者必有死刑，而奪

〔註45〕〈謬俗相沿〉，《漢文臺灣日日新報》，日刊5版，明治四十年（1907）六月二
十日。

其生命。其輕者予以薄懲，亦在冥冥之中，降之以禍。斷不能乞饒，而猥云三時限滿，擅得具領狀領回乎？其謬殊甚。其枷號之犯人，黑衣白裙，散髮披肩，枷上封條，寫明祈求平安。夫時當重犯。罪衣披身，繫枷帶鎖，進接不能自由，則是不能平安也。謂人民甘願，天下斷未有甘願為罪人者。抑或謂為謝願，詎無他物可謝，而必為犯人以謝乎？謝願欲求福也，未得福先自禍，豈理也乎。至此亦甚矣。城隍其果喜人如此乎。果爾，則無辜受虐。有關例禁，是城隍非正神也。吾知城隍有靈，當怒作俑者，而不稍恕之也。〔註46〕

到了七月十七日，《漢文日日新報》在「雜報」欄，刊出一篇短評，就迎神逐疫一事，提出批評，把鼠疫平息下來歸功於當局防疫的辛勞，不是迎神之功。如下：

大稻埕百斯篤一事，今已漸就撲滅矣。而街眾則以為城隍繞境之力。不知當道豫防消毒之勞苦也。蓋霞海城隍繞境在舊曆五月十三日。而自十三日以後，遂日來日減矣。甚矣，迷信者之牢不可破也。〔註47〕

讀這篇報導，會搞不清楚究竟是誰的觀念牢不可破。從文字的敘述來說，自從五月十三日霞海城隍繞境之後，鼠疫就一天天的平靜下來。照常理推論，當然可以說是迎神繞境的功勞。可是，通篇的基調是在批判迎神繞境，認為是無效的舉動，鼠疫的平息是當局加強豫防消毒的功勞。這種思路上的混亂矛盾是現代中國人共同的困境。

十二、1908 年

1906 年至 1910 年是鼠疫流行的高峰期，死亡率在百分之八十以上。因此，日本當局就特別著重於防疫。在前一年，意欲中止霞海城隍的繞境活動，可是在民意的要求下，不得不應允開放繞境遊行。這一年，日本警方就特別加強防疫和公共衛生措施。唯恐從中南部上來的人，把病毒帶進臺北，在鶯歌站，派巡警察和醫生各一名，進行車內檢查。從淡水港進來的船舶也由滬尾

〔註46〕〈良願犯人辯〉，《漢文臺灣日日新報》，日刊 4 版，明治四十年（1907）六月二十五日。

〔註47〕〈牢不可破〉，《漢文臺灣日日新報》，日刊 5 版，明治四十年（1907）七月十七日。

支廳派人檢查。大稻埕各家的投宿客人，都要接受保甲（相當於現在的里長）在夜間做訪問調查。在六月十日的報導中，有詳細的說明：

> 大稻埕城隍廟的大祭，從每年的陰曆五月十二日到十四日，舉行三天。也就是明天的十一號到十三號為止。近的從臺北、桃園、基隆、新竹、深坑五廳，遠的從中南部、澎湖島都來參拜，其群眾不知幾十萬。大稻埕的街道，香煙裊裊，爆竹聲不絕於耳。平日處於深閨的婦女，不知春天景物、濃眉翠黛的佳人，也有對著書窗桌几吟詩作對的才子，穿著綾羅綢緞，或坐轎，或徒步。頭戴布包著的新斗笠的男女老幼摩肩擦踵，擠得水洩不通。如同往例，有捐錢箱的行列、舉開路牌的、拿旗子的、舉槍、尖刀、棒等等其他武器。臉塗得花花的幾個奇特隊伍，大家習以為見。又此三日間所燒的紙錢、線香，不下五、六千圓；供品超過一萬圓，其熱鬧的狀況無比。因此，有特別取締的必要，尤其在傳染病流行的時期，怕從中南部傳入病毒。從今天四日間由鶯歌石停車場，每日來的列車上配有巡查一名、醫士一名，於車內實施健康檢查。又從各地方來的，經過傳染病流行地，往淡水入港的船隻上，在該地滬尾支廳設有健康診斷。又，來參拜者在當地停留的時候，由住宿的屋主提出證明，並從保甲就各戶調查。同時，對於天黑後夜晚進宿者，應該實施臨時檢疫。其中嘉義、樸仔腳（嘉義朴子）、臺南、大目降（臺南新化）、鹽水港（臺南鹽水）、臺中、葫蘆墩（臺中豐原）等來的，應更加嚴密的注意衛生。

日文的報導總是用大體相同的語句，有關這一年的祭典盛況，依舊是說，各商家在門口設立祭壇（其實是供桌），擺上各式各樣的供品，焚燒的金銀紙大量，線香燒的煙霧彌漫，爆竹之聲不絕，像是火災的現場。遊行隊伍有二十三個藝閣，十幾組獅陣，幾十個八家將的隊伍，再加上范、謝二將軍。廟前販賣的紙枷一個三、四十分。估計有幾萬人，警察盡力維持交通的通暢。在淡水河上的渡船頭一再發生爭先發船的爭紛。大稻埕日新街的屠宰場，為了這一次的祭典，殺了六百頭豬。艋舺屠宰場的屠宰量也比平日增加數倍。〔註48〕

〔註48〕〈城隍廟大祭景況〉，《臺灣日日新報》，第 3036 號，明治四十一年（1908）六月十日。

　　鐵道西部縱貫線是在明治四十一年（1908）全線貫通。於是中南部的人們可以搭乘火車到臺北來觀看霞海城隍的迎神繞境活動，特別是隨行的藝閣。發售火車票的時候，往往會在國家假日和霞海城隍慶典前後加開臨時班車〔註49〕。這一年從中南部和宜蘭前來觀看慶典的人大爲增加，報載：

> 本月十一日（即舊曆五月十三日）是日爲大稻埕霞海城隍神誕。稻
> 江人士例年於是日必舉行賽會。凡諸人之設備，種種新奇，其盛況
> 比諸尋常，殆有天淵之別。來觀者不特附近諸人，凡中部以南，及
> 宜蘭等處，亦不憚千里之勞，皆紛紛接踵。聞本年之設備比昨年較
> 爲周到。況鐵道全通，邇日之氣候猶涼，來觀者諒比諸常年更進一
> 層云。〔註50〕

　　在日人初據臺灣的時候，鐵路只通到新竹。1898年全年有旅客40萬人次。到1908年縱貫線全線通車之後，全年有旅客260萬人次。〔註51〕南部人士可以乘火車來大稻埕看熱鬧。宜蘭線鐵路則要晚十年，1917年動工，1919年完成。因此，這一則報導上說有宜蘭人士來大稻埕進香，那一定是乘船而來。

　　在鐵道的加持下，霞海城隍祭典也就一年比一年熱鬧，推陳出新，領導一時的風騷。下一年的霞海城隍祭典時，從嘉義、臺南上來的人就更多。

十三、1909年

　　這一年的祭典來臨時，先在日文版上報導，第二天在漢文版上做同樣的報導，這則報導把霞海城隍祭典與北港朝天宮的媽祖祭典等量齊觀，都是全臺灣最盛大的祭典活動。在先前的報導，只說霞海城隍祭典是全臺灣第一、最熱鬧的活動。到這時候，出現它與北港媽祖齊名的說法。這則報導是這樣說的：

> 大稻埕城隍廟街的城隍廟，跟北港的媽祖，共爲本島人篤信。每年
> 舉行盛大的祭典。從昨日、今日、明日三日間，舉行祭典。參拜者
> 從北部、中部，更遠的從嘉義、鹽水港來的也有，極爲混雜。而且
> 臺灣樣式的各種餘興稀奇裝束，到處繞境的盛況，以內地人的眼光

〔註49〕〈鐵道經營〉，《臺灣日日新報》，第 5551 號，明治四十一年（1908）十月二十四日。

〔註50〕〈城隍賽會〉，《臺灣日日新報》第 5414 號，明治四十一年（1908）六月九日。

〔註51〕臺灣總督府鐵道部，《臺灣鐵道史・下卷》，〈旅客及貨物累年比較〉，1910，頁 206。《臺灣省通志稿・經濟志・交通篇》，1958，頁 115。

來看，極爲稀奇，一定是很熱鬧。〔註52〕

由於人潮洶湧，商機也就盛大。在報上就有這樣的預測：

> 本日城隍廟的例年祭典，如同往例，不分遠近，老幼男女都湧入來
> 拜拜。大稻埕各商家都想大賺一筆。中街南街早就變成賣紙錢的、
> 賣香的商店。大稻埕市場的西側，三十多家的紙錢店及香店的店面
> 林立。爲此祭典，營業額實際上光金紙、線香店就超過一萬餘圓，
> 賣衣服的可達十餘萬。流動攤販隨便算都有達十二、三萬。可是其
> 他的餅乾店、水果店應該也賣得很好吧！昨天、今天的大稻埕充滿
> 商業氣息。〔註53〕

至於祭典當日的盛況，這一年的報導卻是輕描淡寫。只說是「近的徒步
或坐轎，遠的從南部地方搭火車來參拜者，絡繹不絕。大稻埕各街，摩肩擦
踵，擠得水洩不通。」〔註54〕。火車站出入的人數，只有一個籠統的報導：「從
二十八號起，到昨日的三日間，臺北停車場的火車各線升降數，大前天約千
人，前天約四千人，昨天到傍晚時約兩千多人，比平日多出十數倍。」〔註55〕

六月二十七日在《漢文臺灣日日新報》的「里巷瑣聞」，提到大稻埕的慈
聖宮因市區改正，必需拆除。市政當局發給優厚的地價補償費和搬運費，於
是不待霞海城隍繞境，就先行拆除。有曾經參與修築的老人感慨的說：「此廟
建清同治五年（1866），爾時余亦督勵人夫之一大工也，今日眞不勝今昔之感。」
〔註56〕慈聖宮原址是現在迪化街與歸綏街的交岔口，在往後的繞境路關上，
作「舊媽祖宮口」。

十四、1910 年

這一年有關霞海城隍祭典的報導，仍是以日文版爲主，漢文版上只是零

〔註52〕〈城隍廟大祭〉，《臺灣日日新報》第3348號，日刊第5版，明治四十二年
（1909）六月二十九日。〈崇祀城隍〉，《漢文臺灣日日新報》，第5版，明治
四十二年（1909）年六月三十日。
〔註53〕〈大稻埕市況と城隍廟祭〉，《臺灣日日新報》第3349號，日刊3版，明治四
十二年（1909）六月三十日。
〔註54〕〈城隍廟祭の賑合〉，《臺灣日日新報》第3350號，日刊第5版，明治四十二
年（1909）六月三十日。
〔註55〕同上註。
〔註56〕過來人，〈蟬琴蛙鼓〉，《漢文臺灣日日新報》，日刊7版，明治四十二年（1909）
六月二十七日。

星的報導。日文版的報導比較完整詳細。先介紹中國神明像人間的官府，有不同的層級。其次說明大稻埕的霞海城隍祭典是僅次於北港媽祖，擁有第二多的信徒。每年陰曆五月十三日，舉行大祭典。每年來參拜的人，多達五、六萬，少也不下於三、四萬。中部以北的信徒，幾乎全家出動，都來集合。大稻埕各家商店一年的收入，此祭典占了一半。對於這個大祭，往年的慣例，買紙錢、線香、爆竹等的消費，平均一戶三、四圓，也有多達五、六十圓者。其他家家戶戶準備七珍八醢的美味招待親朋好友一起饗宴。其費用直接、間接，整體合計一日可花到十萬圓以上。〔註57〕

對於神明行列做以下的描述：

> 城隍大祭的數種隊伍中，最引人注目的應是鬼卒的行列。最先是高於丈許的謝必安和矮矮胖胖的范無窮兩神，將人群分開。此二神皆是冥官。謝必安專司善事，范無窮掌管惡事，手上都有簿子，調查來冥府報到者犯罪輕重。鬼卒是所謂在冥府的獄卒，臉塗著種種的色彩，如同百鬼夜行，數十人一組，裝扮奇特，脖子掛有餅乾項鍊，有如西遊記的沙悟淨。其次有一隊騎馬的冥官，最後是城隍爺被半白半黑的鬼卒圍繞著出巡。此行列持續的幾組，繞了好幾町。〔註58〕

當天有幾個遊行的隊伍，一隊就要花費幾百圓，都是中國式的造型。很多前來燒香參拜的人脖子上都掛有紙枷。從遠方來的人通常都乘轎子，在轎子的四周掛有海霞城隍爺或進香的燈籠，及捧著三角形的旗子。爆竹、銀紙的煙到處都是。又當日在艋舺、大稻埕的各街都有進香的轎子。一如往例，銅鑼和大鼓的聲音很熱鬧吵雜。其中最亂暴的是步行的哪吒三太子神轎。三太子附身的神體赤身裸體，跨著一輪的火焰車，這些單身漢所信奉的神明，在人群中盡情搖擺步行。到明治三十三年左右，還有砍肩膀、傷臉或用刀切身體的舉動，弄得鮮血淋漓，無論是騎在馬背上，或坐在神轎上，都為警方嚴格禁止。〔註59〕

〔註57〕　〈本日の城隍祭〉，《臺灣日日新報》第3643號，日刊5版，明治四十三年（1910）六月十八日。

〔註58〕　〈鬼卒の行列〉，《臺灣日日新報》第3643號，日刊5版，明治四十三年（1910）六月十八日。

〔註59〕　〈本日の城隍祭〉，《臺灣日日新報》第3643號，日刊5版，明治四十三年（1910）六月十八日。

　　報導中還說：「本島數一、數二的大祭，從昨天開始，中部以北、從新竹、桃園一帶來的香客，都住宿朋友家，在大稻埕整間都可住宿的，少可容納四、五人，多可容納四、五十人。破爛的房間鋪著藤蓆，客人擠得像是堆疊醬菜一般。大稻埕、艋舺的屠宰業，晝夜都在宰殺，到昨日為止，豬三百餘頭，山羊百餘頭，另外還有雞鴨。」〔註60〕

　　在漢文版，就出現一些歌咏廟會的詩篇。茲抄錄於下：

　1. 無作者姓名，題目為「迎城隍」：〔註61〕

　　稻津循歲例，五月迎城隍。百丈塵埃滾，萬千旗旆揚。

　　香燒迷信子，汗透踏歌娘。遠客紛如蟻，宵眠不用床。

　2. 作者王自新，稻江迎神竹枝詞：

　　稻江循例賽神忙，人海人山勢若狂，

　　香案滿街排不斷，萬家頂禮拜城隍。

　　丈餘赤幟競高□，大小神街各署名，

　　絲竹前頭擡閣後，却從多寡別輸贏。

　　東街行遍又西衢，無數貔貅共步趨，

　　隱卻廬山眞面目，是人是鬼總模糊。

　　繞街男女雜成行，一盞神燈一燭香，

　　別有輸錢甘買罪，紙枷鐵鎖作囚裝。

　　前一年拆除的媽祖宮慈聖宮，經過一年的興建，在十二月九日落成，這就是現在的慈聖宮。落成典禮也跟霞海城隍祭典一樣的熱鬧。報導是這樣寫的：

　　　大稻埕媽祖宮因市區改正折毀，更卜築於下珪瑜粹街。客月落成。

　　　已如既報。於去九日舉行安座式，並巡繞各街。是日自午前七時

　　　起，各街即準備旗傘、鑼鼓、藝棚、神馬、暨諸故事，爭奢鬥侈，

　　　各極其盛，藝棚多至六十餘。沿街紅男綠女，相屬於途。其盛況

　　　比之五月十三迎霞海城隍，有過之無不及也。至正午時，齊集於

　　　大龍峒街。以神輿舁媽祖，巡繞各街。所到之處，觀者人山人海，

　　　填塞道途。家家陳牲享祭，頂禮焚修，爆聲震地。迨午後三時，

〔註60〕 同上註。

〔註61〕 〈迎城隍〉，《漢文臺灣日日新報》，第2版「島政要聞」，明治四十三年（1910）
　　　　 六月十九日。

在得勝外街圓圓公園中午餐。雛鶯新燕，咸集其間，一時人馬喧騰，該地風景爲之一變。飯後重整旗鼓，再事巡行畢，入廟安座後，始陸續星散。入夜各街或奏女樂，或演菊部，結彩張燈，備極熱鬧，洵一時之盛況。而是日最惹人目者，爲日本樂隊唱千引岩曲，及以土車裝作汽車（按日文的汽車是指火車），連結六臺。亦極新鮮雅致。其他有數團體。或以綢花懸結衣衾爲徽號，或戴中折帽等，是皆爲內地風俗，即此可徵向化之起點。誰謂本島俗之不可改也。〔註62〕

在這則報導中，特別提到，有日本樂隊，演日本戲，用漢人的手推板車改裝成火車的樣子，連結六臺。表示日本風俗開始滲入漢人的迎神文化之中。因此，在報導的末尾，特別強調「誰謂本島風俗之不可改也。」傳統漢人的廟會文化開始改變，有了新的文化因素加入。

在漢文版中，提到「西皮」、「福祿」兩個幫派。西皮、福祿是宜蘭地方由於樂器和信仰的不同而產生的幫派與械鬥，從清同治年間到日據時代不斷的發生鬥毆事件。本年的霞海城隍祭時，地方人士從基隆請來兩派人馬，各自搭棚演戲，都吸引二千人觀賞。評者曰：「其科白唱念似福祿較嫻熟，然武戲則西皮亦非無可觀者。」〔註63〕沒有發生鬥毆事件。

十五、1911 年

今年的報導，漢文版和日文版並重。在日文版方面，用較大的篇幅來報導今年的城隍祭典，報導的副標題是「臺北三市街的大熱鬧」。

本島祭禮中的祭禮

城隍祭是本島祭禮中最盛大的儀式其中之一，是祭祀以前對當地有貢獻的名官賢卿。陰曆五月十三日，也就是昨天，其祭禮當日，臺北三市街極爲熱鬧，艋舺、大稻埕的熱鬧從天亮就開始，銅鑼、音笛的聲音，早上七、八、九、十、十一、十二時開始熱鬧。以內地來看，應是鎮守祭。

〔註62〕〈迎神盛況〉，《漢文臺灣日日新報》，第 3 版「雜報」，明治四十三年（1910）十二月十一日。
〔註63〕〈蟬琴蛙鼓〉，《漢文臺灣日日新報》，第 5 版「雜報」，明治四十三年（1910）六月二十三日。

轎子連綿不絕

善男善女懷著崇敬的心，齊集大稻埕，城隍廟附近地區，從一大清早就已車水馬龍。來自城外鄰近地方的人絡繹群集，廣東婦女穿黑色上衣，福州和漳州婦女穿白、紅、青色上衣。盛裝的維兒（指交通警察）。轎子連續不絕。車子開過，紅塵飛揚。

鬼面異形的男子

以城隍人偶為中心，隊伍排得很長，幾萬的信男信女齊聚，奏樂的同時，慢幡、捧鉞、捧青龍刀，其中三十六天官，七十二地煞，每個都裝扮成鬼面異形的男子，手持一束線香。跟在神轎的女性，脖子掛著色彩繽紛的紙。妙齡的處女，美裝打扮，更加呈現出神女的豐姿。坐著轎子，頭、耳裝戴金環、瓔珞，在其燦爛的隊伍中，各家兒女陶醉，歡樂融融。〔註 64〕

由於縱貫鐵路的開通，前來霞海城隍廟進香的香客年年增加，更有遠的從臺南來。可是今年比去年旅客人數少了些許，推測可能因為近來米價非常高騰的緣故。有關祭典期間，臺北站下車的旅客人數統計如下：〔註 65〕

表 8-4　臺北站下車的旅客人數統計

日　期	下車人數
六月八日	3,857 人
六月九日	4,300 人內外
平　日	1,200 人

三天裡面，臺北、桃園間的加班車有四趟，都是滿載。從臺北車站到市內的人力車都很難雇到。

漢文版的報導就非常生活化，貼近常民的生活。最特別的地方是這一年有不少的篇幅是在報導妓女。在五月二十四日的「湖海訪國」欄，有清楚的報導：

前年稻江迎霞海城隍熱鬧非常。為此市內本島貸座敷北妓，以本年賽會之期近，擬赴北隨香，如碧芳院桂金、薈芳園攀桂、春明閣寶

<hr>

〔註 64〕〈城隍廟祭　臺北三市街の賑ひ〉，《臺灣日日新報》第 3968 號，日刊 7 版，明治四十三年（1911）六月十日。

〔註 65〕〈城隍廟祭と臺北驛〉，《臺灣日日新報》第 3968 號，日刊 7 版，明治四十四年（1911）六月十日。

珠，其餘他樓約二、三十名，定暫寄牌，歸回臺北。

在五月二十九日的「蟬琴蛙鼓」欄的「雜報」也提到妓女事：

> 大稻埕例年舊歷五月十三日霞海城隍繞境，市民備鑼鼓藝棚馬隊
> 等，甚爲熱鬧。自舊五月一日起，到廟焚修者即絡繹不絕。現又屆
> 其期，各街人民已盛爲準備。諸妓女往南部營生者，亦該續賦歸。
> 至期當極盛況也。（署名眞熱鬧）

六月四日又有署名「感慨生」者作同樣的報導，一付道貌岸然的樣子：

> 大稻埕霞海城隍迎期在即，該地妓女，散而之四方者，均紛紛歸梓，
> 每日以數十計。均爲隨香而來，祈邀神庇。然若輩所爲，均有害於
> 風俗。神果有靈，其吐之耶。（署名感慨生）

六月八日署名「金絲猿」者在「蟬琴蛙鼓」專欄報導云，從北部到中南部淘金的妓女，因將參加霞海城隍之繞境，紛紛北旋。同時也把她們的相好一起帶來。報導中說，如果嫖客發生爭吃醋事，勾欄院中必多一番特色矣。

在漢文版中，有各種不同的意見。有鑒於天氣太熱，人易生病，建議何不改在不冷不熱的時候舉行？見於六月十一日的「編輯賸錄」：

> 諺云事無害義，則可從俗。如賽會一端，不特野蠻國爲之，則文明
> 國亦所不廢。蓋藉此以圖聚會，及爲商業交通上之機關也。要唯審
> 擇時宜，無害於衛生經濟。稻江霞海城隍賽會之期，每值夏火當權。
> 凡數日間，遠近畢集者，以十萬人計，不特奔走之勞，能生困倦。
> 則昌日之暑氣，比市外恆高數度，因是受暑氣所迫，致生疾病者，
> 屈指難數。何不愼擇時期，行於不寒不暑之際乎。〔註66〕

也有批評迎神繞境隊伍的八家將面目猙獰，會嚇到小孩。「行列中有所謂關將者，花其臉而散其髮，狀甚猙惡。小兒見之皆驚，有因而致病者，何不爲改良也？」〔註67〕

在雜沓的人群中，宵小出沒是正常的事。在漢文版會提到有人被宵小偷了錢包，警官也派出便衣警探來抓賊偷。有署名「防未然」者投書云：

> 霞海城隍繞境時，有警官逐隊監督。雖一路擁擠雜沓，固無滋事之
> 慮。惟一輩捻奴，乘機出沒，伎倆極巧，如鬼如蜮。觀者方興高采

〔註66〕〈編輯賸錄〉，《漢文臺灣日日新報》，第3版「雜報」，明治四十四年（1911）
　　　　六月十二日。
〔註67〕〈蟬琴蛙鼓〉，《漢文臺灣日日新報》，第3版「雜報」，明治四十四年（1911）
　　　　六月十日。

烈，往往不及提防，故年年多有被此輩竊去金物者。本年聞探偵中
有鑑于此，已密令各密偵暗中視察，未知若輩亦知所斂跡乎〔註68〕。

也有質疑廟會剩餘的款項如何運用，如六月十三日在「蟬琴蛙鼓」欄提
到：

> 大稻埕霞海城隍歷年爐主，于開餘存款，皆不知作何用途。聞本年
> 爐主金泉興，擬將餘款存寄銀行，以爲城隍購置物件之用，果其後
> 爐主亦傚行之，則誠美舉矣。〔註69〕

外地來的人如何住宿？有親戚者，前一天就住到親戚家中；沒有親戚可
依的人，就在街道兩旁的亭子腳下，就地而臥。原先警方規定，有外人來住
宿，要通報保甲長。人一多，混雜不堪，報上就質疑：要如何去通報保甲？
〔註70〕

在清代的方志中，總是說臺灣人民愛看戲，各地有廟會時也一定演戲。
可是更愛看新奇的東西。淡水戲館演老德勝班，臺灣演藝社演出世界大奇術。
兩班竝起，而市人多趨觀大奇術，而不觀老德勝班者。〔註71〕

對於是年霞海城隍迎神繞境的實際情形，在漢文版的報導是這樣的。六
月十日的「雜報」欄刊出〈城隍祭典一斑〉，作如是言：〔註72〕

> 視路：警官爲防道路擁擠，于城隍廟附近各街路，是早即禁車馬，
> 　　　不得通行。蓋致祭者隨香者，已堆積于廟左右矣，且上及鴨
> 　　　寮街，下及中街矣。

> 賣枷：每號紙枷，例年定十六錢，本年則增爲二十錢。顧迎城隍公
> 　　　款甚充足。爲爐主者，不須賠墊也。不知何以加多。然聞至
> 　　　昨早，枷數已至萬餘號，其收入可知矣。

> 官將：往時官將爲數甚少，且須倩人爲之。年來因自願爲官將者日

〔註68〕 〈蟬琴蛙鼓〉，《漢文臺灣日日新報》，第3版「雜報」，明治四十四年（1911）
　　　　六月十日。

〔註69〕 〈蟬琴蛙鼓〉，《漢文臺灣日日新報》，第3版「雜報」，明治四十四年（1911）
　　　　六月十三日。

〔註70〕 〈蟬琴蛙鼓〉，《漢文臺灣日日新報》，第3版「雜報」，明治四十四年（1911）
　　　　六月十日。

〔註71〕 〈蟬琴蛙鼓〉，《漢文臺灣日日新報》，第3版「雜報」，明治四十四年（1911）
　　　　六月十二日。

〔註72〕 〈城隍祭典一斑〉，《漢文臺灣日日新報》，第3版「雜報」，明治四十四年（1911）
　　　　六月十日。

　　以多，每人已須納二十錢矣。聞本年人數約有千餘名，且多
　　自遠方來者。

招呼：本年爐主爲魚行金泉興，因初當此事，欲踵事增華，事前即
　　極力招呼，且留心措置一切，有云屆時必較去年尤熱鬧也。

在第二天的〈城隍繞境雜觀〉中，對於迎神繞境的隊伍，多有著墨：[註73]

路關：往年由大龍峒整齊後，即列隊向稻之大街行。濱港及街後一
　　帶，則在後也。今年因建昌街與之交涉，入大街後，遂首及
　　之。

臺閣藝閣蜈蚣閣：約長四十餘，但其裝飾多落套。獨大和行所長神
　　州金棗波一劇，有云諸藝棚次裝束，各各不同。有似南部者，
　　有似福州廈門者。則以風氣日開，故有所折衷烈。

雜劇：例年以獅陣、落地掃爲獨多。今年則落地掃只寥寥。獅陣二三
　　童子獅而外，絕無有也。惟南管十音及梨園子弟，皆視昨年而
　　倍焉。亦以見民情之漸趨風雅也。至於獅陣最易茲事，能絕無
　　之，尤佳。或又云如許熱鬧，乃不見□□亭，未色減色。

官將：今年官將二千名，視昨年爲多，間多有未成年者。問之皆爲
　　還願而來。但恐不勝滑鬆，不無意外之虞。不知爲父母而何
　　迷信若是，豈非錮習難除乎？

乘車：繞境前後兩日間，由臺北驛下車者約五千人以上。故鐵道部
　　于此兩日至昨日，臺北桃園間之臨時列車，皆往復四回，不
　　獨因多休業，車資遂益貴，多加倍焉。

購貨：繞境既訖，來繞者多乘便就各肆購買，故市況爲一振。間又
　　以采帛店爲最。

博物：繞境後，觀客多隨意散步，因博覽館（按係今之臺灣省博物
　　館，在新公園內）不取觀覽料（不收門票），相率往觀者尤
　　眾，至昨日復踵相接（意思是排很長的隊，等待入館）。

十六、1912 年

　　由於盛名已著，在祭典來臨前幾天，就會報導相關的消息，說明今年的

〔註73〕　〈城隍繞境雜觀〉，《漢文臺灣日日新報》，第 3 版「雜報」，明治四十四年（1911）
　　六月十一日。

爐主是乾元號藥行，特別強調「現已準備一切，各街亦豫備詩意彩閣以待，屆期熱鬧，必當踵事增華也。」〔註74〕

同時也報導火車的載客情形，從大安溪以北，來臺北進香的旅客絡繹不絕。單是桃園一站，在六月二十六日發售三等票三百六十多張。可是，由於颱風沖斷了中部的鐵路，以致中南部的旅客大減。〔註75〕

有關這一年霞海城隍迎神繞境的報導，漢文與日文各有一則。漢文的報導如下：

> 稻江恭迎霞海城隍，久年成例。昨日依例舉行。各處紅男綠女，或
> 爲參拜，或爲遊觀，遠近舉集，雲屯蟻聚。先一夜，香客自午後七
> 點鐘，即車轎紛至。燈光月光，自稻江至大龍峒兩街，到夜輝映。
> 翌朝四、五點鐘，車轎益盛，道路爲塞。至十點鐘，神輿鼓樂以及
> 一切熱鬧粧飾，即陸續到大龍峒保安宮齊集。午後一點鐘，由保安
> 宮起程，直繞稻江各街。回返本廟。鑼鼓旌旗，彩閣雜劇，以及香
> 轎香車，啣接數街道，觀者爲之目不暇給。汽車（今之火車）載觀
> 客香客，每回約有數百人。道中人車雜沓，肩摩轂擊，擠擁不開。
> 惟惜近日以豪雨之後，南北汽車不通，中南部之崇信士女，多隔絕
> 不至。其景況比例年未免略遜，然亦不失爲一大熱鬧也。〔註76〕

在報導中，我們可以清楚的看到，賽會對於市況的影響。而且又有一則續誌，從香客、商況、戲劇和旅館等方面，說明盛況：

> 昨日稻江城隍遶境盛況，已紀前報。茲就是日各界情況，略揭於後：
> 香客：是日賽會，雖爲年例，然亘南中北三部崇信男女，自鐵道縱
> 　　　貫後，無不馳逐而來。其迷信與否，姑勿且論。要亦無不可
> 　　　與北港進香，共爲本島之大賽會也。雖此次豪雨，損害鐵路，
> 　　　南北缺於連絡，然亦來如雲，各屬男女仍踵接於途，爲數亦
> 　　　數萬焉。
> 商況：各金銀紙商，以歷年商況俱佳，自前一日即於廟側排列數十

〔註74〕〈恭迎城隍〉，《臺灣日日新報》第 4336 號，日刊 6 版，明治四十五年（1912）
　　　　六月二十六日。
〔註75〕〈五月十三及列車〉，《臺灣日日新報》第 4337 號，日刊 6 版，明治四十五年
　　　　年（1912）六月二十七日。
〔註76〕〈稻江恭迎城隍狀況〉，《臺灣日日新報》第 4338 號，日刊 6 版，明治四十五
　　　　年（1912）六月二十八日。

處。及賽會日，附近各廟亦排列□數。在店及排列路側者，
商況皆異常輻輳。即雜貨、東洋貨等，亦多陳列於人家軒下，
以售遠客。布商籤店均應接不暇。然以收入之景況言，則大
體皆不足與上年比。一影響於米價之高昂也。若飲食店及路
側之售賣點心，以及菓子（按：即糕點）等物，亦皆與前年
不能無遜佳云。

劇界：本年各街演劇，比前年似略少。淡水戲館往年於前後二三日
　　　開演支那班。遠來香客以目前所未經，無不爭先快覩。本年
　　　似大相懸殊。又石橋仔頭之演馬劇，鼓樂雖喧，觀者亦寥。
　　　以外更不足言。

旅館：北門口街各旅寓，一二日來旅客皆充溢。然其中多係粵籍人，
　　　似在臺北、新竹附近各地而來者。若中南旅客，則極稀少矣。

計此回賽會，各商舖及街庄均開費不貲。雖當米價高貴之際，貧民
日食維艱，然既際此賽會，亦均不免尅減平日之需，以為當日之用。
甚至有借貸典質，以充款客供神者，雖曰出之迷信，亦俗例難移，
有驅之使然也。若各舖戶之迫於應接，則又靡費更鉅矣。〔註77〕

　　在這一年，已經開始注意迎神賽會對於市面商況的影響。所報導的內容，
只是記者個人對於商況的綜合印象，沒有列舉具體的數字。這種情形實際上
就是帶引迎神繞境活動朝向商業化、廣告化的原動力。

十七、1913 年

　　到了大正二年（1913），也就是日人據臺的第十八年，大局已穩定，也展
開各種公共建設。有關霞海城隍的報導轉趨熱鬧。在祭典將要來臨的時候，
就推出一則標題為〈將近城隍〉的報導：

臺北大稻埕霞海城隍例年以舊曆五月十三日恭迎繞境。本年以捷豐
號為值東爐主。業於數日前，已續續豫備，極為周到。聞本年異常
鬧熱，非常年之比。屆期必有一番巨觀也。〔註78〕

〔註77〕〈稻江恭迎城隍續誌〉，《臺灣日日新報》第 4339 號，日刊 6 版，明治四十五
　　　年（1912）六月二十九日。
〔註78〕〈將迎城隍〉，《臺灣日日新報》第 4680 號，日刊 5 版，大正二年（1913）六
　　　月十五日。

隔了兩天，就刊出〈恭迎城隍續報〉，對於市面的繁榮景況，有所記敘：

> 稻江霞海城隍將以本日循例恭迎繞境，曾誌報端。茲聞本年各種設
> 備較昔尤周。日來遐邇善信霧集雲屯，市中極爲雜沓。因此，大小
> 商鋪一層活躍，店員俱覺忙個不了。〔註79〕

　　同日，在日文版也有一則簡單的報導，說是鄰近各鄉的人民都會前來參
加霞海城隍廟的祭典，將會是一場大熱鬧〔註80〕。

　　在六月十九日，刊出一篇非常精彩的報導，記敘在霞海城隍祭典當天是
如何的熱鬧。視野很廣，觸及社會的每一個角落，都有相當生動的描述。全
文如下：

> 日日北上列車滿載，稻艋旅館幾於無處容身。市上行人十倍百倍平
> 日。問何以然？不言而知，其爲一年一度舊曆五月十三稻江霞海城
> 隍之賽祭也，本年視兩三年前較爲盛況。

> 破兵當先，其次則執路關牌者，穿滿胡之舊制服，書「讓我當先」
> 四字。長旗旌斾，獅陣樂隊。蜈蚣閣、詩意閣，逶迤不絕。中北街、
> 中街、南門、北門街，透東薈芳一帶大路，兩旁觀者如堵。高樓少
> 婦，凝粧下視，幾如三仙山上，萬花齊放。蜈蚣閣、詩藝閣上之藝
> 娼妓，類多艷名未噪、邯鄲學步一流。就中亦有二、三矯矯者作廣
> 告的之行列。

> 七爺、八爺各班執事人紅袴花靴，熱誠得意，十分滿面，招搖慷慨，
> 亦足以牽動觀客之視線。市上僑居福州人一流所編成音樂，清而不
> 濁，靜而不嘩，聽之，有涼味也。全體而論，比較往昔，各處裝置
> 意匠，似漸進奢侈而入美術者。行列經過，須費二時間，好不熱鬧。
> 所惜例年殿後之花臉、鬼卒、鬼轎無數，齷齪處使人生厭。

> 是日，當道注重衛生及維持秩序計，召集休番警官，警戒保護。艋
> 舺區警官十八名往援，設醫療所，醫治一時不意卒倒之病人。撒水
> 全部移諸稻津。

> 旅館充滿，朋友之家，苦不得宿。賴有藝娼妓輩之香巢，可爲寄足。

〔註79〕〈恭迎城隍續聞〉，《臺灣日日新報》第4682號，日刊6版，大正二年（1913）
　　　　六月十五日。

〔註80〕〈城隍廟祭禮〉，《臺灣日日新報》第4682號，日刊7版，大正二年（1913）
　　　　六月十五日。

蓋彼輩殆無人不中南北者，今茲歸北，其情客亦多爲彼引力吸上。
其中有善發明者，持杉房岩崎所著之日臺會話新編，往艋舺遊廓會
話。以宿泊料充纏頭金者亦不少人。

夜來月色如銀，全稻街巷，演劇甚盛。行路擁擠。稻津無一戶不備
酒席，酬神宴友者。車夫鼓掌，要求厚利。稻艋往復小火輪晝夜兼
行。以外尚有大料崁、新店、新莊各處小舟數百艘，滿載香客。盛
況一事，使人想像不及。受城隍之神恩，博厚利者，旅館、娼寮、
車夫、舟子而外，吳服店、金紙店及各旗亭、飲食行商，無一不受
直接間接之利潤云。〔註81〕

在六月二十二日，在日文版也發表一篇大意相似的報導，向日本人介紹
霞海城隍廟祭典的盛況。

在〈城隍賽祭及商況〉這篇報導中，對這一年因城隍祭典的人潮所帶來
的商業利益有所著墨，對於購物者來自何處，賽會的前後三日內，商家生意
增加幾倍，都有所說明：

稻江霞海城隍賽會所受損者，乃附近之居民。最利益者，唯稻江之
商家。查各商店之概況如左：

布商：各布商至賽會之際，例年收入額較諸平日加有七、八倍。本
　　　年因銀根缺乏，中流以上之購力減縮。源發、永裕源兩號，
　　　前後三日間，每日平均皆收入千圓左右。比之平日，僅增五、
　　　六倍。他如裕興、合勝、義興、及以外之巨舖，此三日間，
　　　每日亦收入數百圓。

簸舖：簸舖之賣出，非如布店之巨宗貨物。布店採買者，概係遠客
　　　及各鄉村。簸舖即係各商行及住家之購入以供客者。前後三
　　　日間以入額，比平日差有十倍。若比之一、二年前，雖稍差
　　　異，亦無多也。蓋因簸舖皆必需之物，非布帛所能比也。

雜貨：購買雜貨，非遠客亦非在住人家，多在附近各村落，何則中
　　　南二部來觀者，概係購買綢緞。雜物則各地俱有。在住人家，
　　　亦非必要時期。故購買者，均係各村人。查各舖收入額，比
　　　平日加有五倍。

〔註81〕〈稻津城隍繞境盛況〉，《臺灣日日新報》第 4683 號，日刊 6 版，大正二年
　　　　（1913）六月十九日。

生肉：臺北之豚肉，數月來騰貴難言。值賽會之前後類，約昂貴三
　　　成以上。當賽會之日，午前每圓購買三斤八兩至三斤十兩。
　　　至午後一時許，竟唱至三斤以內。生雞因米穀高貴，每圓或
　　　三斤、或二斤十二兩。鴨每頭舊土番騰至一圓，新者亦七十
　　　錢以上。新菜鴨每頭亦須四、五十錢。

蔬菜：臺北之蔬菜因米穀騰貴，花價高昂，價格深受影響。猶幸爾
　　　日雨水充分，善於發育，故不如是之貴。當前後數日，比平
　　　日騰貴二成許。

各種行商，收入額比以上數種，猶覺有利。〔註82〕

十八、1914 年

依照慣例，在迎神賽會前十幾天，報上就會報導五月十三日霞海城隍祭
典將到。這一年主事的爐主是大稻埕中街的捷茂藥材行〔註83〕。有中國大陸
來的戲班陸金奎在淡水戲館上演，由於恭逢迎城隍的日期，看戲的人大為增
加〔註84〕。更報導，在霞海城隍祭典當天，由於準備周到，比往年更為熱鬧。
「又，大稻埕市況，因各地善信霧集雲屯，甚呈活潑之觀。」〔註85〕

對於當時整個臺北市的熱鬧狀況，有專文報導，如下：

五月十三日稻江城隍賽典非常熱鬧。例年本報皆盛為紀道其事，本
年如例。

天氣快晴。數日前，旅館即已充斥。列車滿載不足，三等紅票之人
多有搭坐貨車者。舊曆十一、十二兩夜，稻江各街徹夜達旦，行人
如織。就中有投宿旅館不得，轉徙人家友朋親戚寄宿。友朋親戚亦
各有相當來客，殺雞為黍，紛如什沓。

沿淡水河本流支線附近村落，小舟往來，滿載遊人，稻江風月，為

〔註82〕〈城隍賽會及商況〉，《臺灣日日新報》第 4685 號，日刊 5 版，大正二年（1913）
　　　六月二十日。

〔註83〕〈迎城隍期近〉，《臺灣日日新報》第 5014 號，日刊 6 版，大正三年（1914）
　　　五月二十九日。

〔註84〕〈支那班之近況〉，《臺灣日日新報》第 5022 號，日刊 6 版，大正三年（1914）
　　　六月六日。

〔註85〕〈恭迎城隍〉，《臺灣日日新報》第 5022 號，日刊 6 版，大正三年（1914）六
　　　月六日。

之忙殺。交通機關艋稻小火輪上下載客外，雙槳鼓盪，厥價相等。人力車夫，犇犇蠢蠢，無厭之心，見於其面。警官日夜取締監理，保護人民。凡路有涉稍細者，則禁止乘車，其於自轉車（腳踏車）尤甚。劇場妓館利用機會，吸引顧客。

臺北城內新公園、南門外及苗圃各地、亦有田舍觀光團，三三五五，爰行爰語，左右顧盼。盛進、長谷川、丸福諸商行，建築宏壯，多有誤認為官衙，趑趄不敢入者。苗圃內之動物園及新公園鯉魚噴水，品評最佳。又喜停足各鐘錶店玻璃廠（疑為「窗」之誤寫）前，彼此指示。觀博物館，最引人注目者為大蛇、為本島風俗人物模型。此等觀光團多著新衣，若青百永，白百永（百永是一種日本布）之類，未經退水者。有故披其襟，誇示內中著大小襯衣。有著邦製草履，含不二敷島（敷島是香煙名），竟極闊綽者。

人不一方，方不一類。總而言之，皆具有眞容顏，愛嬌色相。南街一帶布疋商人，尤為很熱。洋屋店商，應接不暇。金銀鈿工工人，獨能於百忙中，與田村女子閒話打笑，極口吻操縱巧妙，亦佳話也。劍潭觀音寺香火，因之以盛。小火輪溯江至明治橋（今圓山的中山橋），關渡媽祖影響尤多。〔註86〕

在熱鬧的同時，也有不法的商人。其中，對於大稻埕到艋舺之間的小火輪種種不法之事，有所披露：

稻艋間小火輪業者，利用稻江五月十三城隍祭典，往復大稻埕建昌街及艋舺鹽館埕間，搭載乘客。先數夜，鳴鑼廣告，片道大人三錢，小兒二錢。人多便之。孰意船主不法，無視道。茲舉其例五條，以質諸同搭者：

一、棧橋危險　建昌街溪岸棧橋上下危險，其形峻，其幅狹，廣不上三尺。行其間，動搖之度恍似搖籃。當人眾叢雜，婦女老幼上下之時，莫不危懼。間有小兒哭泣，婦女匍匐者。該橋若肯雇工修繕安穩，當不用二、三圓。大利之時，何惜小費？船主之貪，何驚駭哉！

二、人員超過　舟隻車輛，不論人貨，皆有一定重量。小火輪不管乘客滿載，多多益善，熱鬧之時，固不宜過於苛責。

〔註86〕　〈賽神前之熱鬧〉，《臺灣日日新報》，第5023號，大正三年（1914）六月七日。

三、油火刺鼻　船中點石油最舊式之滿天光，炎熱之夜，火烟薰蒸。
又值十二分之滿載，客有不堪其苦，目不能張，鼻不能呼吸者，
急吹熄之。於是船內黑暗，賴月夜，不至於對面不見。

四、滿口胡說　同小火輪業者為欲廣招搭客，故使一隻恆泊在鹽館
口前，一隻通行輪番，高聲言曰：「客官，客官，火輪將發，價
廉便極，轉瞬可到。」實則停泊之時間極久，任人催促，不肯
行駛。客有怒而責之，則滿口胡說，漫應之曰：「藥水調和未就。」
石油之發動有甚藥水？有甚調和？真欺人也。其上更又廣招搭
客，使之下船，不知席無立錐，盛夏之時，又停久不發，使人
熱極悶極，真不可忍！

五、中流停擱　中流停擱，更為可恨。若三船迅速交番運轉，焉得
回回滿載，彼故為停擱，而使自稻赴艋者，遲於抵艋，則在艋
停泊之火輪可以久待，期於滿載。自艋赴稻者遲於到稻，則在
稻停泊之火輪，亦可久待，期於滿載。真惡劣技倆，非關於水
淺待潮也。乘客有狂怒責他，貪暴利將為其妻積蓄粧奩者，膽
敢惡聲反報。乘客滿船，莫不張目。

内地（日本）商人每利用熱鬧時節，親切廣告，以期將來。本島人
反是，其愚不可及云。〔註87〕

十九、1915年

　　大正四年的霞海城隍祭典平淡無奇。只有一則日文的報導和兩則漢文的
報導。日文的報導說：

本島人的年中例行公事當中，本島北部最響噹噹的大稻埕城隍廟街
的城隍廟例祭，昨日二十五日於市場尾端的古廟盛大舉行。北從富
貴角的岸邊，南到阿猴的蕃界邊境來的參拜者約計有二十萬人，不
知是真是假。據說是托了能完全供電的福。打從北門外街過去後一
大片都是廟會的熱鬧景象，興仁邊街上整排的涼麵、羹湯、冰彈珠
汽水、水果等攤販，把大稻埕擠得都快不能走路了。善男信女們發
出「嘩～嘩～」的叫聲，在熱鬧的街頭巷尾中穿梭，而大批蒼蠅更

〔註87〕〈稻艋間小火輪不法　客有發誓不搭者〉，《臺灣日日新報》第5025號，日刊
6版，大正三年（1914）六月九日。

是肆無忌憚的在食物間飛舞。

信徒們乘著車來，迫於周圍情勢，只能在林本源第一房事務所一帶就下車。

本島內地人的擺攤商人塗了個大花臉，用方言吼叫著。那吼叫聲跟臉上的妝搭配得真是天衣無縫。

在洶湧的人潮中奮力掙扎著，好不容易擠到了廟門前，那熱鬧的勁頭又更上一層樓了。飄散的汗味和女人的髮香蹂躪著鼻腔。即使如此，兩名警察仍舊堅守崗位，以一如往常的聲音，一如往常的管理著秩序。

略顯破舊的廟裡罩著一片燒線香和金紙的煙霧，據說因為看起來像是在雲霧深處綻放的霞光，故稱霞海城隍廟。此一說法未知是真是假。然而此廟確實集合著本島各地來的朝拜者，並都在此許下心願。

二十六日中午，城隍爺的尊駕乘上神轎，遊行隊伍從大龍峒的保安宮浩浩蕩蕩的出發，依序繞行大稻埕市街中。而若有病人藥石惘效時，就會在此時來借助神明之力。像這類的人會戴上做樣子用的枷鎖，繞著轎子走兩三圈，表示謝罪之意，來祈求病魔退散。而本島人會抓住這名謝罪人，並向神明說明此人是善男信女。

到了晚上，各戶人家將雞、鴨、魚、肉、蛋等各種菜肴一道道擺出，甚至擺到沒地方可擺了，只好擺在地上。希望神明不會因為這樣吃壞了肚子而腹瀉才好。

以上便是大稻埕一年之中最值得一記的行事。〔註88〕

這篇報導寫得非常精彩。很精準的把當時大稻埕的熱鬧情形描繪出來。是日據時代描寫本地漢人廟會最有力的一篇。至於漢文的報導就非常簡單，只說：

昨二十五日，為稻津恭迎霞海城隍之日，全市張燈結彩。各地善信，霧集雲屯，備極熱鬧。是日城隍其他神輿，並各種音樂、藝棚、蜈蚣閣等，依例於午前中，齊集大龍峒保安宮，午後一時餘，出大龍峒，順次繞行各街，然後退散。其盛況不亞往年。聞各項商況，皆

─────────

〔註88〕〈城隍廟大祭　北門街から先は　俥が通らぬ賑ひ〉，《臺灣日日新報》第5393號，日刊第7版，大正四年（1915）六月二十六日。

爲之一振。獨香紙等類，較爲遜色。亦迷信漸破之一證也。

在〈城隍祭日雜觀〉的報導中，稍爲詳細的描述當天的情形。這一年，由於中華民國成立後，厲行剪辮子和婦女不再纏足兩項運動。臺灣人士深受影響，也發起「剪辮」和「放足」兩運動。在這一則報導中，特別強調這兩項運動的成果：

香客　往年稻江城隍爺賽會進香香客，大抵前一夜十二點鐘，始車馬絡繹，到附近各廟參拜。本年香客比前尤早。自舊曆十二日午後六、七點，便陸續往來街上。至八、九點，更擁擠異常。而十三日隨城隍轎後進香者，却比常年爲少。是亦爲日間天氣酷熱，故人多乘夜分清涼爲參拜也。

剪辮　往年城隍遶境裝地獄鬼卒者，大抵蓬頭散髮，以作怪異。本年爲社方實行剪辮，十中八九，皆爲光頭，覺地獄鬼卒到此亦不免變相。

解纏　去年迎城隍時，進香婦女，解纏者百無一二。本年車轎來往，以及輕步制道者，則見天然足，解纏者，觸目皆是。風化一開，弊俗其將消化淨盡乎？

二十、1916 年

在漢文的報導部分，有關這一年迎神賽會的報導，只有一則。報導中只說，這一年沒有以前來得熱鬧，也批評詩意閣依舊是老套，了無新意，不知用來做商業廣告。這種批評可以看成是改變的前聲。這則報導如下：

大稻埕城隍十三日之繞境，是日午前即人山人海，至下午二時許，各隊自大龍峒整齊而來，沿途觀者，愈有擁擠不開之勢。蓋自枋隙街迄北門外街，殆無一立錐地。一時詩意、雜劇、鼓樂、神輿，色色俱有，惟熱鬧頗不及昨年。或云，是乃共進會後，地方來觀者，不敢如前之揮霍。或則謂景氣之不振，要非全無因也。又云，主辦事者廈郊，今年因防爭利，撥歸公辦，無專責以爲鼓舞，故稍散漫。未稔然否？然值注目者，則詩意尚故步自封，可見其無向上心，不能利用雜劇爲特種商業之廣告，可見其無開化心。塗五色鬼面之官將，竟視去年之倍多，可見其無破除迷信心。若後年得稍改加良之，

不獨體裁尤風雅，不先爲全島首善之區，且於地方之繁榮，必更有
裨益矣。〔註89〕

二一、1917 年

在六月二十八日，先報導稻江準備迎城隍繞境的消息，爐主李義合號負
責準備一切。消息透露，這一年所募集到的捐款，比前一年多。也爲了讓各
方前來的香客有便利的交通，商請鐵道部在廟會前後三日，臺北到新竹、基
隆、淡水之間的車票全部八折優待，得到鐵道部的應允。同時也發表這一年
的繞境路關：

> 大龍峒保安宮口取齊，由頂牛磨車，下牛磨車，透枋寮後街，益保
> 裕街，杜厝街，連普願街，中北街，中街，南街，過鴨仔寮街，挖
> 新興街，到大□路，過東薈芳，入太平橫街，經九間仔街，及九間
> 仔後街，入西市，出東市，灣入長興街，連長興街，透出□仔大路，
> 過陳姓祖厝口，到員圈，入維新街，透新店尾街，入朝陽街，至舊
> 媽祖宮後街，挖入長樂街，透怡和巷街，出雲和街，經李厝街，過
> 大和行口，入港邊後街，至石橋仔頭，灣建昌街，到千秋街派出所
> 前，挖六館仔街，透稻新街，到石橋仔頭，連北門口街，出鳥隘門，
> 灣興仁街，入建成後街，及建成街，透員圈，入得勝街，挖維興街，
> 過太平街派出所前，透城隍廟後街，入永和街，灣舊媽祖宮口街，
> 轉建昌街，到城隍廟口街本廟，升座。〔註90〕

利用迎神繞境的場合來散播廣告，在大正六年（1917）之前未嘗見之。
是年六月十八日，爲慶祝日本殖民二十二周年，大稻埕商人推出「假裝」（化
裝）大遊行。自大稻埕媽祖宮起，入城，到總督官府，而後折回。其行列包
括有辜顯榮所提供的八仙過海、林本源各房之藝閣，李春生商行代辦三達石
油之商品廣告隊，臺灣寶林會社雞血藤之廣告隊、寶香齋之商品廣告隊，有
四十九保之模擬日本軍隊及三大鎗假炮一尊，蘭萊罐頭會社之蘭萊燈及水族
燈一隊、裕源綢緞店的商品廣告隊，再加上旗隊和音樂隊，行列人員在五千

〔註89〕〈城隍大祭〉，《臺灣日日新報》第 5735 號，日刊 6 版，大正五年（1916）六
月十五日。
〔註90〕〈稻江準備迎城隍〉，《臺灣日日新報》第 6106 號，日刊 6 版，大正六年（1917）
六月二十八日。

人至右。由於是前所未有的創舉，「附近各村之來觀者不知有幾凡。」〔註91〕

到了正式迎城隍繞境之日，熱鬧非凡，報導云：

大稻埕霞海城隍之遊境，例以舊曆五月十三日舉行，昨日適當其日。
稻江各街大爲踵事增華，其熱鬧不亞于去歲。先是一日自午後一二
時，即有香客到廟及各廟參拜，入夜尤盛。車轎步行，往來不絕。
廟前牲醴致敬，尤爲擁擠，數十間無立錐之地。香烟金紙煙騰空如
霧。至昨（舊曆十三日）尤雜沓。午前十一時餘，迎神行列，依照
路關，先到大龍峒保安宮前取齊，次由大龍峒直透大稻埕，遊繞各
街，一切依照路關進，然後回歸本廟升座。旗鼓之盛，藝閣之華，
神眾之五花十色，香客之肩摩轂擊，皆極一時壯觀。至於各地遊客，
以及進香參拜者，則自前一日及昨日由舟車輻輳而來，不知其幾千
幾萬矣。〔註92〕

在七月三日刊出的〈城隍遊境補誌〉中，更對當時的市面狀況有所描述：

大稻埕城隍遊境之壯觀，既如所報，茲再據所聞見補誌之。

各地參觀者之繁多，固不讓往年。自遊境前一日，南來北往汽車（按
是火車）每回輒添客車三四輛，且極擁擠，無立錐之地。雖淡水線
亦繁多逾他時。故旅館頓爲之滿，各戶來客，更無論已。獨怪淡水
河沿岸村落居民，往年依船便來觀者，船數凡九百隻，今年則惟剩
三百隻。究不知是何關係？

是日道路之雜沓，自大龍峒保安宮口至大稻埕國興街，沿途人皆擁
擠而行。其在城隍廟附近各街亦然。

往年人氣暑氣相交加，多有急病或卒倒者，其懷抱杞憂者，至謂爐
主非設救護班不可，幸本年皆無是患。

既而游境過後，游人亦漸散，警官仍禁中、南、北各衝要之街，不
得搭檯演戲，蓋恐有碍商務之進行也。

有云香客之數，與扮鬼臉、裝官將者，殆不如往年之多。恐其對神
思想有所變遷。實則香客多改爲隨早香，或於十三日前後行之者。

〔註91〕〈稻江大假裝行列　總員五千餘人〉，《臺灣日日新報》第 6097 號，日刊 4 版，
大正六年（1917）六月十九日。
〔註92〕〈城隍遊境之壯觀〉，《臺灣日日新報》第 6110 號，日刊 4 版，大正六年（1917）
七月二日。

初非有加少也。觀其具牲醴到廟致奠者，上自市場角，下至南街頭，
無不滿地皆是，則知其信仰心祈福心，與前無大差也。扮官將者之
暫少，豈可謂風氣之暫開。與隊陣頭毫無關係，不足爲城隍憂也。

數十年來，城隍游境之日，絕罕遇雨。今年是日，神輿至杜厝街，
驟雨忽至，而各隊仍冒雨而行，以示勇氣。亦誠心矣哉。然聞艋舺
人云，是時艋舺却無雨。亦城隍欲顯其靈感，故送此一味清涼耶？
〔註93〕

在這則補誌中，特別提到這一年的霞海城隍迎神賽會，受月前假（化）裝大
遊行的影響不深，因而提出批評的意見：

詩意雜閣仍舊由各保、各郊戶、及個人隨意裝出。其數與往年略
相同。惟其利用廣告者，徒有石田石油商會之生蕃行獵一隊而已。
豈皆有所爲而中止乎？所喜艋舺各色隊頭，多相率來會，一時覺
外分照耀。是不獨爲感情之疏通，蓋迎神賽會實不可無此興緻也
〔註94〕。

二二、1918 年

由於一連幾年都非常熱鬧，是非也就跟著而來。主要是財務收支不透明，
這一年新任的爐主李義山號要改變作爲，賬目公開，引來霞海城隍廟管理人
陳宗斌的不滿。陳宗斌在報上大聲喊冤。各選下任爐主，最後由轄區的派出
所主管出面作主，選出新的爐主。有關這一部分，將由專節來敘述。在此，
不作贅言。

有關迎神賽會部分，相關的報導如下。這一年，開始有電燈。在廟會開
始前幾天，就有二、三善信到霞海城隍廟捐贈電燈，裝飾廟內外，「務使熱鬧
凌駕于往年」〔註95〕。基隆到新竹之間的火車也決定在六月二十二、二十三
兩天廟會期間，購買來回票可享打折的優待。圓山至淡水各站到臺北站，或
北門站，有不同的優待價格。自圓山站到臺北站，票價七錢。圓山站到北門

〔註93〕〈城隍遊境補志〉，《臺灣日日新報》第 6111 號，日刊 6 版，大正六年（1917）
　　　　七月三日。

〔註94〕〈城隍遊境補志〉，《臺灣日日新報》第 6111 號，日刊 6 版，大正六年（1917）
　　　　七月三日。

〔註95〕〈城隍廟之電飾〉，《臺灣日日新報》第 6455 號，日刊 6 版，大正七年（1918）
　　　　六月十二日。

站，票價十一錢。士林站到臺北北門站，票價十五錢。淡水站至臺北北門站，票價五十錢。其他各站到臺北和北門，票價都打九折〔註96〕。

在遊行隊伍方面，由於新選出的祭典委員極思有一番新的作為，因此，努力籌備，務使這一年的迎神賽會要比前一年來得更熱鬧。同時也鑑於臺南迎鎮南媽祖時大作商業廣告的成功案例，一致決議要起而效法，大聲疾呼傳統的霞海城隍迎神隊伍也要有所改變，跟得上時代的潮流：

> 大稻埕霞海城隍例年於舊五月十三日繞境，本年將屆其期。新例
> 公選之祭典委員長及諸委員，皆一片熱誠，極力準備，務較前年
> 熱鬧。多方勸誘各團體協力，各團體亦鑑臺南迎鎮南媽祖之盛，
> 一致團結。茶商、布商、糖米商、什貨商、乾果物商、其它各商
> 分途準備，各保團體亦分保措置。茶商每舖擬出詩意一棚，欲駕
> 他途而上。由是以思，屆期必有如茶如火之觀可知。但所謂詩意
> 者，要有古今事跡，一經裝出，令人知為某人某事，且點綴棚閣
> 之物，亦宜有廣告的意味，乃見其佳。若仍用二三雛妓，髮蓬似
> 鬼，面黑如煤，紮一白頭布綠頭巾，披一白風披綠風披，古今事
> 跡毫無，點綴亦沒意義。碎布破紙滿棚亂飾，令人觀之欲嘔。雖
> 有千萬棚，不值一顧。若能意匠經營、富廣告的意味，點綴清淡，
> 一棚可抵百千棚，常留後此榜樣，膾炙人口。雖破些金錢，於自
> 家商業有益，不算虛糜〔註97〕。

在〈城隍祭典彙誌〉一文，對於當天的市況和商業廣告之作為有一些簡單的記述：

> 祭典及市面之影響　舊曆五月十日始，其備牲醴來祭者，即日夜絡
> 　　繹不絕。至十二日之夜，因翌日為城隍繞境，遠地先期薈集
> 　　者尤眾。旅館既不能容，各戶亦十之九有宿客焉，以故入市
> 　　購物者，殆踵相接。商店有徹夜不眠者。論者謂，今年貿易
> 　　之熱鬧，視昨年尤有加焉。
> 陣頭之特色　及至繞境之日，頭隊入益保裕街，時正午後二時許，
> 　　而沿途行觀者，自此至石橋仔頭，皆排斥如堵，無復立足之

〔註96〕〈汽車金減折〉，《臺灣日日新報》第 6460 號，日刊 6 版，大正七年（1918）
　　　六月十七日。
〔註97〕〈稻江準備迎城隍〉，《臺灣日日新報》第 6462 號，日刊 6 版，大正七年（1918）
　　　六月十九日。

地。及各隊盡過益保裕街，已近四時許。其隊伍之延長可知。
即以出奇制勝，炫人耳目，兼有廣告目的者而論，如中街捷
裕參莊之綴結藝棚，南街高源發之綴結螟蛉閣，艋舺美利之
縛紙馬於自轉車，皆能脫去舊套。間以高源發獨出一頭地，
捷裕參莊次之。然畢竟皆有美中不足。試爲綜合各方面的評
判，必能自知，不必多贅也。

至於東西藥房之弄人形小公子，如跳包老然。李金燦之紙糊人參，
則未免近俗矣。然又有俗不可耐者，以檨葉結土車爲茶山，使一
男一女坐其中，以山歌互答焉，淫辭穢語，幾令人掩耳欲走。而
歌者尚揚揚自得，恬不知恥。是眞風化攸關，且有污及大市鎮之
面目，不可無以爲戒其後也。蓋車鼓戲尚在必禁，況此不成體統
者乎！〔註98〕

在臺灣日日新報上，刊登了兩張有關這一年盛典的照片，只是印刷品質太差，
模糊不堪辨視。

圖 8-1

資料來源：《臺灣日日新報》第 6465 號，日刊 7 版，大正七年（1918）6 月 22 日

〔註98〕〈城隍祭典彙誌〉，《臺灣日日新報》第 6466 號，大正七年（1918）六月二十
三日。

二三、1919 年

　　臺北的迎神賽會深受臺南的影響。四月二十日《臺灣日日新報》刊出一
篇有關臺南迎神的報導，說明臺灣各地的迎神行列中開始有商業廣告，是從
這一年的臺南迎神賽會開始的。這則報導很長，詳細說明其中的詳情：

　　臺南大天后宮鎮南媽祖，例年以舊三月十五日舉行祭典，十六、十
　　七兩日迎神出爲繞境。此關係全市之商業者大。並一切應辦事宜，
　　本島人合內地人，經幾次在臺南公館開臺南公館幹部會議，以決定
　　之矣。致祭之日，禮文順序，先放爆竹請神，地方長官拈香，行各
　　獻禮。已而撤饌送神，禮畢。於臺南公館飲福。

　　先數日各商舖準備燦行諸事，均極忙碌，苦心用意，俾得各符其實，
　　以昭廣告旗幟。布商團則揀各色綢緞，貼以色紙店號。金銀商團即
　　以金葉銀絲鋪敷而補綴之。雜貨商團即以五色珠、五色線牽連而貫
　　串之。金物商團即以鐵環銅線而穿成之。糕餅商團即以雲片糕、石
　　糕而拈附之。草索商團則麥草旗。飲食商團則雞毛旗。履物商團則
　　草履足袋旗。線香商團則振尚儀則雙龍蚊煙香旗。材木商團永森記
　　則杉片花旗。其他大旂小旂，五花十色，爭奇鬥巧。所謂無奇不有。
　　詩意則布商錦榮發裝洛川龍女贈蕭曠以輕綃，震裕裝褻姒裂帛，合
　　源棧藥郊裝天臺採藥，永森記杉行裝牛山伐木，六保蔡厝裝貫寧二
　　府故事兩臺，一爲寶玉到籠泉庵，與妙玉品茗；一爲黛玉戲教鸚鵡。
　　以上數臺裝飾有費數百金者。福州團裝四臺，一是陸地行舟、一是
　　觀音度上才（應是「善才」）、一是鐵弓緣、一是收蛤精。雖人有亦
　　有，然經後點綴設色，亦覺清鮮。金銀商團舊足成裝紫微獻豺。該
　　豺以金葉爲之，又有以金葉點綴成屋，而以藝妓坐於其間，所謂金
　　屋儲阿嬌者。其他六十餘藝棚所裝飾者，實美不勝收。貸座數團中
　　一陣北管，皆是教坊諸藝人，就中一對對二十名妓女，辦作男裝。
　　純是白麥帽、藍長衫、白襪白鞋。嘉義阿里山檜材商德豐號，係臺
　　南蘇友讓營業，挑選十三、四歲妙齡女子，裝八名宮女，步行手托
　　化粧品，衣服麗都，殊爲奪目。總合三十餘團體中，仍以三山爲冠。
　　不但裝出者傑出，即三陣音樂，衣服整齊一色，亦有可觀云。〔註99〕

〔註99〕〈臺南迎神盛況〉，《臺灣日日新報》第 6767 號，日刊 6 版，大正八年（1919）

在四月二十三日的〈迎神書後〉，更詳細的敘述，鐵路、旅館、酒樓、飲食店、布店、雜貨店等，因迎神所帶來的巨大利益。這種實質的影響刊在報端，讓臺北大稻埕的商人大為心動。

　　從 1919 年的報導中，我們知道，「廟會競爭」不只是大稻埕各郊戶之間的事，也是大稻埕，或者說是臺北，跟大臺北、乃至全臺灣各地之間的大事。在六月九日的報導，就充分透露這一點：

> 稻江舊曆五月十三之迎城隍，例年於事前二、三日間，市面即大活潑。今年因略有遜色，因念近日臺北廳下之迎神，基隆藝棚七十閣，新庄亦六十閣，最狹隘之士林，亦至二、三十閣。欲保此堂堂大市區之名譽，豈可有落人後？故各郊戶踴躍爭先，各就營業之項目，為意匠的廣告，務極錦上添花之大觀。即於廟之內外，亦為裝飾千灼光之電火數灯，及百灼光者數十灯云。〔註100〕

每年迎神繞境的隊伍都要在保安宮前集合。善男信女因而也會到保安宮燒香禮拜。在「不輸人」的心理和風氣下，保安宮加緊裝修，請工匠把大殿各角落都重作土木工，加貼畫有花鳥人物的磁磚。又有陳姓人士奉獻一對百鳥朝鳳的石柱。由於「花麗秀整，燦然奪目」，「亦足使觀者心曠神怡，屆期香客前往參拜及觀光者，當不知凡幾也。」〔註101〕

　　至於當天的活動情形，有兩則相關的漢文報導。前一則報導云：

> 昨為稻江霞海城隍繞境之日，四方參加執事，以及香客，其他一般往觀之人，略如常年。午後二時餘，自大龍峒繞境而來。見藝棚詩意，數比昨年稍少，而意匠之精妙，則遠過之。如乾元藥行，以藥材裝孫真人醫龍虎；黃裕源綢布商以綢布飾牛車，裝養蠶織布；陳榮昌杉行以杉枋裝工人鋸枋。凡此光景，皆極推陳出新，觀者嘖嘖稱之。其餘容諸後報。〔註102〕

在第二天的報紙上，有更進詳細的報導，先是對當天的遊行隊伍的缺失提出批評，接著報導市況因之而繁榮。最後提到霞海城隍廟是否要翻修或擴建。

　　　　　四月二十日。
〔註100〕〈稻江城隍近聞〉，《臺灣日日新報》第 6817 號，日刊 4 版，大正七年（1918）六月九日。
〔註101〕〈保安宮趕緊裝飾　為迎城隍也〉，《臺灣日日新報》第 6817 號，日刊 4 版，大正七年（1918）六月九日。
〔註102〕〈稻江城隍之繞境〉，《臺灣日日新報》第 6819 號，日刊 6 版，大正七年（1918）六月十一日。

這則報導如下：

> 去十日，即舊曆五月十三日，稻江城隍繞境事，已如昨報。其行列
> 之長，通過約三時間，為前此所未曾有。所可笑者，例年鑾面關將，
> 皆在城隍轎後，今年反是，雜於行列之中。故觀者皆中途散去。謂
> 觀已止此。夫關將之雜於行列，固屬隨意，然當事者絕無向前為之
> 公告，故一般觀客其後皆嘖有煩言。

> 惟行列之意匠裝飾，比較例年，頗行進步，足強人意。然尚不及臺
> 南賽典。當日列車之上下，依然滿載。蓋去年鐵道失事，數十名之
> 死傷慘事，經已忘心。

> 繞境當日，大稻埕方面市況非常好況。就中南街，猶甚一年中之費
> 用，由此數日間得已償却，謂受城隍特別眷顧亦無不可。

> 然而城隍則依然儉約，居於陋室之中，一任時勢之進步，並不要求
> 提出新官舍建築預算案於各爐下，亦未嘗聞有報恩舉動。斯是陋室，
> 惟吾德馨。若霞海城隍者，其庶幾哉！〔註103〕

六月十一日，在日刊第7版刊出一張是當天人潮擁擠的盛況照片：

圖8-2　昨日的大稻埕

資料來源：《臺灣日日新報》第6819號，日刊6版，大正七年（1918）6月11日。

〔註103〕〈城隍繞境後聞〉，《臺灣日日新報》第6820號，日刊6版，大正七年（1918）
六月十二日。

六月十三日在日刊 7 版又刊出一張是青年男子拿香帶紙枷贖罪謝恩的照片：

圖 8-3　城隍廟的祭典

資料來源：《臺灣日日新報》第 6821 號
日刊 6 版，大正八年（1919）6 月 13 日

六月十三日，特別報導南街的商戶，提出重修霞海城隍廟的意見，可是沒有任何後續的報導。

二四、1920 年

五月初，由於臺南大天后宮舉行「鎮南媽祖」神像落成的紀念典禮，特別派董事許廷生等七人，備好請柬，到臺北來迎請大龍峒保安宮的保生大帝〔註 104〕、大稻埕霞海城隍廟的霞海城隍〔註 105〕、基隆奠安宮的湄洲媽祖〔註

〔註 104〕〈保生大帝南遊〉，《臺灣日日新報》第 7146 號，日刊 4 版，大正九年（1920）

106），一起南下，參加大典與繞境。五月十四日從臺南北歸。臺北各界於「丸協運送店」（按：後來的華山站）前準備神壇，各街庄虔備神輿鼓樂，以及其他相關的陣頭、樂隊、藝閣等，恭迎保生大帝和霞海城隍神像，在大稻埕和大龍峒繞行之後，回到本廟。

　　五月初，臺南學甲慈濟宮保生大帝的繞境，有鼓樂陣頭千餘隊，詩意百餘閣，就有評審給獎的情事。報上云：「中有西埔內庄一閣，爲漁人戲蚌精，鐵枝高掛，踏舞自如，嫣然一笑，百媚俱生。觀眾大喝彩。鑑定人定爲優等賞。萬口同聲贊成。該藝妓係月津小樂天旗亭張氏緞，年方十五，淡北產云。」〔註107〕

　　在五月十六日的〈迎神續志〉，對南部人和北部人有關迎神的不同態度有所分析：

> 据臺南來賓云：南市向時迎神裝飾，亦多取法於臺北。然所裝飾者，大抵意義絕少，徒爲虛糜而已。近則大加改良，盡寓廣告意味。不論旌旗，不論藝閣，皆取其適合於所經營之行業。故一面爲迎神，而一面則爲廣告。其所意匠有費累月者，其所投資有費萬千者。然迎神後，該所裝飾之物品，仍非盡屬於無用，不過但費多少工力耳。而其裝飾之工用，又多係夜業，無害其本職，故於市上無影響，而生意可藉爲發展。惟鼓舞時，逐團勸誘，頗要費多少苦心。然漸作有趣味。今已無待勸誘，即內地人亦有與爲裝飾者云。臺北迎神迎數年亦是有裝飾，惟惜意匠粗鄙，無足稱道。此後若能改良，或寓廣告意味，或寓勸世，或啓發意味，於社會當不無少補。若但如現在詩閣，不過爲藝妓廣告，使之遊繞街道，多結識幾個嫖客耳。誠無謂之至也。〔註108〕

大稻埕的商戶受到臺南迎神盛況的刺激，乾元藥行首先響應，對這一年

五月三日。

〔註105〕〈霞海城隍南遊〉，《臺灣日日新報》第 7146 號，日刊 4 版，大正九年（1920）五月三日。

〔註106〕〈赤崁短訊〉，《臺灣日日新報》第 7149 號，日刊 6 版，大正九年（1920）五月六日。

〔註107〕〈藝閣獲賞〉，《臺灣日日新報》第 7149 號，日刊 6 版，大正九年（1920）五月六日。

〔註108〕〈迎神續誌〉，《臺灣日日新報》第 7159 號，日刊 6 版，大正九年（1920）五月十六日。

霞海城隍祭典時參與遊行的藝閣、旗幟，若能含有適切的廣告意味，其特出
超群者，頒與金牌。選在林本源第一房事務所開會，聘請名儒林熊徵（板橋
林家）、洪以南、謝汝詮、連雅堂、魏清德、林朝儀、陳茂通（乾元藥行店東）、
盧曉山等人為評審。〔註109〕一、二、三等都是金牌，只是形體大小不同而已。
並且鄭重聲明，第二等、第三等獎一定不會是銀牌。〔註110〕在報上更公布三
種金牌的樣式如下：

圖 8-4　城隍祭典餘興賞金牌

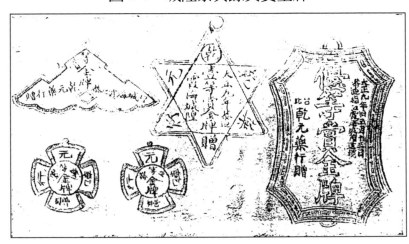

資料來源：《臺灣日日新報》第 7201 號，日刊 5 版，大正九年（1920）6 月 27 日

　　這一年的迎神賽會特別隆重，在前一天就公布有關繞境遊行的各項規
定，以及所經過的路線：

　　　　來二十八日稻江霞海城隍將依例繞境。該當事者既與警官協議，是
　　　　日午前十一時，放煙火二發，在大龍峒保安宮齊集。至正午十二時，
　　　　放煙火五發，乃按序起程。欲加諸行列名陣頭，不得如往年惡習，
　　　　在途中任意停止。又不得於行列未散時，擅行脫離，自由行動，致
　　　　雜然無序，難以取締〔註111〕。是日路關如下：

　　　　由大龍峒直到枋隙後街，入益保裕街，透中南街，至鴨仔寮，轉新

〔註109〕〈賽會審查〉，《臺灣日日新報》第 7195 號，日刊 4 版，大正九年（1920）六
　　　　月二十一日。
〔註110〕〈裝閣賞牌訂正〉，《臺灣日日新報》第 7197 號，日刊 6 版，大正九年（1920）
　　　　六月二十三日。
〔註111〕日語的「取締」，在中文是「執行」的意思。

興街，出大路，轉稻新街，過六館口，入建昌街，轉舊媽祖宮口街，
入九間仔街，轉怡和巷街，過建成茶行口，透隆記後街，至獅館巷
大路，轉新媽祖宮口，入西市，透東市，轉長興街，過井仔頭街，
透新店尾街，轉朝陽街，入太平橫街，透北門口街烏隘門，入興仁
街，透建成圓環，入維新街，轉建興後街，透太平直街，至本廟升
座。〔註112〕

同時也預告將會有那些特殊意味的藝閣，由那幾家商店提供。在〈新意匠藝
閣〉的簡短報導中云：

城隍繞境當日，聞大稻埕中街捷裕蔘莊及捷茂藥行，擬裝一新意匠
藝閣，寓廣告的意味。即就《蕩寇志》所載，蔘仙血救劉慧娘故事，
摘唐猛力斃怪豹，范成龍誘捉蔘仙。一切景物，均欲用藥料裝點。
現在忙碌準備，欲使當行出色，明奪錦標。又團體或商店以外，不
得含廣告的意味者，若能切中時弊，及改良社會有益者。新奇有趣。
當能豫選云。

中街的捷裕蔘莊和捷茂藥行很會利用這種場合，一方面發布消息，他們
要裝飾一組非常有創意的藝閣，主題是以《蕩寇志》「用蔘仙血救劉慧娘」的
故事，其場景是「摘唐猛力斃怪豹，范成龍誘捉蔘仙。」報上說，「一切景物，
均用藥料裝點。」擺明是要奪得金牌。同時，在五月十三日祭典當天，將老
山高麗蔘等貴重藥品，「特別減價，以廣招徠。」〔註113〕。

《臺灣日日新報》對於這一年霞海城隍迎神繞境的著墨甚多。先有一則
簡單的報導，臺南的鎮南媽和北港的媽祖一起北上，在六月二十五日一早到
臺北車站。「稻江男婦老幼至臺北驛候迎者頗不乏人，直隨至新媽祖宮內，俟
神安座，乃散。兩媽祖將於二十八日同城隍繞境。」有這兩尊媽祖神像一起
繞境，聲勢就更大了。

儘管大稻埕商家郊戶大力準備，裝飾各種花車藝閣，可是天公不作美，
在五月十三迎神當天，下起大雨。這些藝閣的裝飾材料都是紙糊，經雨一淋，
全遭破壞。捷茂藥行所裝飾的藝閣，在大雨中，全部破壞，露出破紙枯竹，

〔註112〕〈城隍繞境須知〉，《臺灣日日新報》第7199號，日刊6版，大正九年（1920）
六月二十五日。
〔註113〕〈藥行乘機減價〉，《臺灣日日新報》第7199號，日刊6版，大正九年（1920）
六月二十五日。

報上評曰：「聞該當事者竭盡心思，需費亦不鮮，竟歸失敗。可見裝閣雖小事，非風雅人亦不能爲也。」〔註114〕

對於這一年的迎神盛況，有如下的報導：

> 稻江迎神，本年雖欲推陳出新，期於盛況，反爲雨師阻礙破壞。故視例年，反覺有落莫不堪之感。詩意閣亦少。惟例年沿途所過，觀者如堵，憑高以望，第見萬頭攢動，中間以各色旗尖，進迤如鍊。今則演成傘海，覺極繁華熱鬧之中，有一種涼味可掬，亦快事也。
>
> 或曰：例年稻江迎神之際，殆未嘗降雨，本年反是，豈神亦受不景氣之影響耶？吾人謂時下財界不況，群眾心理之希望恢復者，有如大旱望雲。神故於是日，沛然降雨，示冥冥中欲加以庇護，俾令恢復之朕兆也。

由於是第一次大規模的競賽，參賽者的經驗不足，參賽作品多有可議者。報上對於參賽作品，有以下的評語：

> 詩意閣及其他假裝行列，雖經獎勵，然其意匠，十中八九多數于糊紙店，或曲師、藝妓牽頭之人。故雖勉強敷衍，終欠雅骨。以之論畫，若俗工之塗丹青，無書卷氣。彼下里巴人，萬目共賞之旋轉藝閣，一則無妨，多則取厭。餅店用餅，穀商用穀，雖欲以廣告之法，訴諸直覺，期於有效。若然則市上各店鋪之貨物，盡可搬出，裝做貨車，夫何意匠之有哉！彼餅店若用餅師故事，珊瑚用石崇故事，大工用吳剛修月，豈不較有趣？据某番店言，余欲裝成趙法獻祝天，以祝財界恢復，人氣恢復，株布絲米恢復，惜乎期日太迫，不能實現。似此，則典莊之中，雜以諧謔，又切中時弊，誰不爲之解頤哉。總而言之，此種裝飾以後須託文人墨客，爲其顧問。本年行列雖少，關將卻多，信仰一至，烈風雷雨弗迷，卻不似若輩詩意閣紛紛作鳥獸散也。〔註115〕

評審競賽的結果如下：

一、得一等賞之春風得意樓、高砂麥酒館，其廣告的裝飾，一、花

〔註114〕〈稻江迎神一瞥〉，《臺灣日日新報》第7204號，日刊7版，大正九年（1920）六月三十日。

〔註115〕〈稻江迎神雜俎〉，《臺灣日日新報》第7204號，日刊7版，大正九年（1920）六月三十日。

牌。二、紙製大酒矸。三、樂隊。四、瓶入高砂麥酒一盛，插
旗標為「太白先生御用品，高砂麥酒會社調進」。五、漢席一盛，
旗書「太白先生御用品，春風得意樓調進」。六、太白醉酒意藝
閣，閣上仙童捧菜酌酒，太白縱談豪飲，大聲疾呼曰：「酒宜高
砂麥酒，菜宜得意樓，此二物為吾太白所最好。」頗顯醉態，
恰合廣告意味，費財亦多。受一等賞可無愧。惜雜而不清。其
第四之麥酒一盛，及第五之漢席一盛，可以免用。但以兩三瓶
麥酒，及三四碗小菜，陳列一席，置於閣上，以見其意，斯可
矣。為太白者，應左持杯，右執箸，仙童捧瓶。太白所言，只
言：「斯為旨酒，斯為嘉肴。」而以兩仙童代言曰：「酒是高砂
會社製，肴是春風得意樓烹。」若此不較高雅乎？

二、二等賞之郵船會社荷捌組，其所裝之夕陽簫鼓，若點綴為東坡
遊船，或孟德橫槊賦詩，當較高雅。

三、落選之捷裕蔘莊、捷茂藥行合裝之捉蔘仙，故事甚好，有詩意
在，其點綴亦純用藥材，純合廣告意味。惜裝閣藝人不解事。
其唐猛所立巨石，用旋轉機，全不合理。又秦王避暑洞，少具
河洞形。所裝獨角金錢豹，以犀角為角，以大黃等為紋，甚見
意匠。惜不遮蓋，途次大半為雨破壞，露出破紙枯竹。聞該當
事者竭盡心思，需費亦不鮮，竟歸失敗。可見裝閣雖小事，非
風雅人亦不能為也。

四、李金燦蔘莊廣告旗，過半煥新，其旗有曰：「請看，請看。」又
有曰：「第一勉強（日語「認真」之意）李金燦。」又有曰：「蔘
茸燕桂」，又有曰：「專賣正貨人皆讚。」又有曰：「正老山高麗
蔘。」又有曰：「全臺銷路，惟我獨尊。」與內地人普通廣告同。
彼蓋非盡為迎城隍而設也，彼為自家計則得耳。人人如此，則
又無新趣味也。〔註116〕

爐主乾元藥行在六月三十日，雇請自働車（也就是「汽車」的意思。），
車上滿載樂隊，沿途吹奏，由藥行的員工捧持金牌，送到優勝者的家中。得
獎者也在家門口，擺上香案，供奉神明，燃起香燭，又燒金紙，又放炮竹，

〔註116〕〈稻江迎神一瞥〉，《臺灣日日新報》第 7205 號，日刊 6 版，大正九年（1920）
六月三十日。

以迎接獎牌。形成非常熱鬧的場面。〔註117〕

在六月二十八日所刊出的〈城隍及稻江〉一則報導，說明祭典對於市面商況的影響：

> 稻江之迎城隍，商況影響最大者，實爲南街之布商。日來，如新義勝等，皆有顧客雲屯之勢。次則附近城隍廟之各戶。從前因祭品雜沓店前，既礙貿易，而金紙灼天，亦熱不可堪。今年國有新高銀行〔註118〕建物敷圩，可資消納，遂覺十分方便。其商況亦較勝厚去年。

在二十九日刊出的〈稻江城隍雜俎〉一文，對於這一年的盛況有較多的描寫：

> ▲今年爲得有力者出爲提倡，以爲欲助地方之繁榮，必應時勢之要求。不可墨守舊章，徒以鑼鼓喧天爲熱鬧。各鋪戶深然其說。所裝詩意雜劇，皆一洗固陋之習，以發揮廣告之精神，而保持首都之體面，一時卓然可觀者遂不少。

> ▲年來北管盛行。自稻艋八九團外，各支廳下，亦少者一二團，多者四五團。于稻江之迎城隍，咸以得與其事爲榮。本年則遠如新竹、基隆、淡水者。亦無不爭先恐後。故其點綴行陣也，大有挾河山風雨而俱來之勢。

> ▲自遠地來觀光者，往先一日而至，不吝揮霍者，咸以逆旅爲便。聞昨年各逆旅殆滿，甚而下榻青樓者亦多有之。觀者知地方之富力，尚不大失也。

> ▲各香客以屆時無車轎可僱，于繞境前一二日，則陸續前來隨香。然其所要求之工資，仍較去年多十之七八。將輿夫之增資歟？抑香客之益眾歟？

> ▲是日各地村庄來觀者，不下數萬人。燥渴之時，多喜飲清涼諸水。警官爲注重衛生計，凡遇有售是物者，必仔細爲之檢查。不可飲用者，輒命立棄之。當此虎疫（虎烈拉，霍亂是也）豫防伊始，

〔註117〕〈自働車運送金牌〉，《臺灣日日新報》第 7205 號，日刊 6 版，大正九年（1920）六月三十日。

〔註118〕新高銀行於大正十二年（1923）併入臺灣商工銀行，民國三十八年（1949）改名爲「臺灣第一商業銀行」。

各人亦不可不知所慎焉。

▲當此雲屯霧集之時，剪扭輩往往乘機行竊，自得各刑事之注意，
已大斂跡矣。惟一輩路旁設賭之惡棍，有所謂烏紅者，有所謂骰
攤者，其攫人財物，有甚于剪扭者十倍者。村愚履蒙其害，甚至
歸而自裁者。此輩毫無顧忌，捕之當不甚難。〔註119〕

從以上的記錄來看，大正九年的霞海城隍祭典前後數日，大稻埕市面是
非常熱鬧的，各種生意都非常興旺。尤其是帶有廣告宣傳意味的藝閣，出奇
制勝，各領風騷，把一年一度的霞海城隍祭典帶上新的高峰。

日據時代霞海城隍誕辰時的藝閣繞境

資料來源：霞海城隍廟網站

〔註119〕 〈稻江城隍雜俎〉，《臺灣日日新報》第 7203 號，日刊 6 版，大正九年（1920）
六月三十日。

資料來源：霞海城隍廟網頁

資料來源：霞海城隍廟網站

二五、1921 年

　　大正九年（1920）的藝閣競賽是非常成功的，廣告要與業者本身所從事的行業相吻合，又要配上古代文學的故事，方才能夠獲得八位評審的青睞。到了大正十年（1921），更是慎重其事。這一年的爐主是茶商陳瑞禮，頭家是乾元行、添籌行、王珍春、陳金池〔註120〕。乾元行更向日本訂購獎勵的

〔註120〕這一年的頭家四名，前後報導略有出入，在五月十日的〈擲筊選爐主頭家〉
　　　　的報導中，爐主是陳瑞禮，頭家是陳茂通（乾元行）、莊輝玉（莊義芳行）、
　　　　李友寬、郭金鼎。而六月十日〈霞海城隍祭典預聞〉的報導，就成了乾元行、

錦旗。報載：「乾元行本年陣頭之獎勵優勝旗已到，分作數色，極鮮麗優美，聞係向內地注文者。」〔註 121〕同時，聘請林熊徵、洪以南、謝汝詮、魏德清、李書、連雅堂、張純甫等人為評審。評審的會場是在林本源第一房俱樂部樓上。〔註 122〕

臺南的北管團體遏雲軒一行五十人，前來參加繞境，也要在城隍廟附近的空地上，搭臺演出。因為「近年以來，稻艋各軒音樂團多有至南，向大天后宮媽祖進香，即於宮前演唱，接連數日。該宮董事其他關係者，極力招呼，設備宿所，供給茶飯。時或設筵款洽。又各商團聯絡，有製金牌以贈之者，有製綢旗以贈之者，所費不資。」〔註 123〕

基隆的靈安社福祿派也組織一支西洋樂隊，以及由九間仔巧匠張金鳳負責設計與組裝的傳統藝閣，前來參加繞境活動。〔註 124〕

報載，這一年的盛況空前。報載：本年稻江之迎城隍，其自遠方來會者，北自基隆，南至臺南市，殆無不有之。即素極罕至之大料崁派，本年亦至焉。加之廣告之藝棚，與街庄之梨園、雜劇等，亦簇簇如雨後之筍。故其熱鬧遂為從來所未曾有。是日下村長官夫妻，新元技師，總督府臺北州各高官，特至南街黃裕源高源發樓上觀覽，則其傾倒一時也可知。既而各陣冒雨而行，至鴨仔寮街，即乾元行授與優勝旗之所，各待其審查清訖，乃復前。其受賞等第如左：

優等：擲菓

壹等：收善才

貳等：月下獨酌

參等：調冰〔註 125〕

添籌行、王珍春和陳金池。

〔註 121〕〈霞海城隍祭典預聞〉，《臺灣日日新報》第 7549 號，日刊 5 版，大正十年（1921）六月十日。

〔註 122〕〈霞海城隍祭典預聞〉，《臺灣日日新報》第 7549 號，日刊 5 版，大正十年（1921）六月十日。

〔註 123〕〈遏雲軒將來北〉，《臺灣日日新報》第 7550 號，日刊 6 版，大正十年（1921）六月十一日。

〔註 124〕〈匯兌商之陣頭〉，《臺灣日日新報》第 7554 號，日刊 5 版，大正十年（1921）六月十五日。

〔註 125〕〈稻江迎城隍紀盛〉，《臺灣日日新報》第 7559 號，日刊 4 版，大正十年（1921）六月二十日。

二六、1922 年

　　大正十一年（1922）的競賽更形熱鬧，獎品豐富，香廈郊提供金牌十二面，錦旗十二面。乾元行提供向日本訂製的錦旗十面。另外有人捐贈金牌三面。評審委員數十名，報上沒有刊載他們的姓名。齊集在郭俊廷宅內開會評審。在城隍誕辰前幾天，天天下雨。鑑於前面幾年都因下雨而掃興，爐主和頭家想要改期，向城隍請示，擲筶的結果是「如期舉行」。到了五月十三日，果然是一個豔陽高照的日子，繞境活動順利進行。這也許就是「五月十三不會下雨」說法的張本。

　　這一年，日本官方的總務長官賀來佐賀太郎、臺北州的高田知事、臺北市的大橋市理事官及官民重要者數十人，前往觀看藝閣競賽的評審作業。〔註 126〕

　　評審結果，奪得頭彩的作品是「一騎紅塵」，用唐明皇和楊貴妃的故事。提供想法的人是連雅堂，工匠是新竹的巧匠鄭邊六。當時的評論是說：「巧在於藝題最為詩意的，又切合菓子行故事，紅塵一騎環轉疾驅，四蹄躍躍生動，間以驛柳毿毿，又配以荔枝時節之榴花，以為襯景。高閣之上，端坐玄宗楊妃兩人，允稱完璧出神傑作。故自長官以下莫不讚賞。惜乎美人之腰肢太瘦，未能彷彿當年之環肥，若吹毛求疵，是其缺點。」〔註 127〕

　　這一年的獎額增多。在藝閣部分，第一名是「一騎紅塵」之外，其他得獎的名單如下：

2. 天臺採藥	3. 蟠桃會	4. 秦淮夜泊
5. 樵青烹茶	6. 金山寺	7. 董永受絹
8. 一擔兩天子	9. 真人煉丹	10. 麻姑獻酒
11. 抱布貿絲	12. 佛收何恩	

在陣頭部分，得獎者名單如下：

　　共樂軒、大龍峒獅陣、信濃丸、渭水河、麻姑□□、御前清曲、匯兌商、靈安社、平樂社、義英社。

〔註 126〕〈霞海城隍賽祭之盛況，賀來長官亦臨觀〉，《臺灣日日新報》第 7914 號，日刊 6 版，大正十一年（1922）六月十日。

〔註 127〕〈霞海城隍賽祭之盛況，賀來長官亦臨觀〉，《臺灣日日新報》第 7914 號，日刊 6 版，大正十一年（1922）六月十日。

另外三面金牌的得主是：一騎紅塵、牛埔仔獅陣、蟠桃會。

二七、1923 年

　　有關大正十二年（1923）霞海城隍慶典活動的報導，刊出清晰的照片，讓我們可以一睹當時詩意閣的風采。

　　也在日文版刊出祭典的盛況：一張是虔誠的信眾帶紙枷祈福消災的樣子，一張是在霞海城隍廟前，人肩雜沓的擁擠狀況。

圖 8-5　　　　　　　　　　　圖 8-6

資料來源：臺灣日日新報第 8280 號，日　　　資料來源：臺灣日日新報第 8296 號，日
　　　　　刊 5 版，大正十二年（1923）　　　　　　　刊 7 版，大正十二年（1923）
　　　　　六月十一日　　　　　　　　　　　　　　六月二十七日

圖 8-7 販售金紙的盛況

資料來源：臺灣日日新報第 8296 號　日刊 7 版　大正十二年（1923）六月二十七日

大正十二年（1923）霞海城隍祭典吸引了十多萬人前來「參詣」〔註 128〕。
藝閣、音樂團、競賽的評審結果如下：

　　在藝閣方面：

　　　　特等獎：綠葉深處隱金蟬（金蟬香水的製造商篠原東店和販售商楊

　　　　　　　　裕發號聯合提供，負責意匠是張金蟬）

　　　　一等獎：敲冰煮茗（舖家茶商）

　　　　　　　　朱亥兌肉（屠戶金萬成）

　　　　　　　　窖粟不窖金（米商）

　　　　並等獎：牛郎織女（布商）

　　　　　　　　馬周獨酌（麵商）

在音樂團，也就是軒社、陣頭方面，得獎名單如下：

　　　　特等：共樂軒

　　　　一等：晉義軒、新安樂社、集絃堂

　　　　並等：平樂社、靈安社

〔註 128〕〈參詣者十餘萬人と　註せられた最終日の城隍祭〉，《臺灣日日新報》第
　　　　8296 號，日刊 7 版，大正十二年（1923）六月二十七日。

其他項目得獎名單如下：

  特等：運送團

  一等：宜蘭敬安社、大龍峒獅、清義軒

  並等：牛埔獅、神龍

在報導中，對於其中幾個得獎團體的具體表現，有所說明：

> 各等之外，尚有優秀得點者，因賞品有限，乃從割愛，非云不足取
> 也。而靈安社之謝范二將軍，在城隍廟，資格最老，其陣頭之整頓，
> 原亦為稻江音樂團之白眉。此番因共樂軒拔出一頭地，占特等去。
> 又，晉義軒以裝出生番射擊飛機，活動生趣。集絃堂，前此東宮殿
> 下御渡臺，曾於行宮奏樂。新調金絲涼傘一柄紀念，烏紗馬卦，白
> 紗長衫，中山帽，優美清雅，新安樂社一律改用詰襟白洋服，不用
> 紅袴，有高尚氣。平安樂社有皇太子殿下行啓奉迎三角旗一旈，人
> 數雖少，足以制勝。是日內地人官紳皆賞識之。各占一等並等去。
> 而靈安社遂不得不降為並等，非設備不周，為所抑也。勝敗乃兵家
> 之常，該團勿介意可也。〔註129〕

〔註129〕〈城隍祭典行列審查〉，《臺灣日日新報》第 8297 號，日刊 6 版，大正十二年
   （1923）六月二十八日。

第九章 登峰造極（1924～1943）

一、1924 年

對於遊行的藝閣和陣頭的評審、頒獎的活動，在大正十三年（1924）宣布廢止。事先沒有看到任何對評審有什麼異議。在正式迎神活動的前八天，也就是在六月六日下午六時，這一年的祭典委員莊輝玉、陳天來、蔡根吉、葉金塗、王林木等人，邀請士紳四十多人，在莊輝玉開設的莊義芳商行一起開會。會中提出廢止評審頒獎活動的議案。理由如下：

> 惟是既均出於迎神之誠心，則等級之分，未免不妥。是故本年之祭典委員若莊輝玉、陳天來、蔡根吉、葉金塗、王林木諸氏，於去六日下午六時，假莊義芳商行，邀請市內紳商四十餘人，協議結果，均謂際此今日時勢進步，比種差別的之階級審查，理宜撤廢。若至於行列陣頭之優劣，自有公道評論，何待獎賞？遂多數決定廢止。其費用留為年末建醮之助。其時來會紳商亦莫不齊聲贊成，於是眾議乃定。惟是各團體則仍熱心準備，想屆期或勝於例年，也未可知。〔註 1〕

1924 年的迎神活動，儘管臨時取消了評獎辦法，可是盛況空前。據報導，這一年參加遊行的隊伍估計抬霞海城隍神輿的隊伍有 500 人、各個廣告旗隊

〔註 1〕 〈稻江迎神續聞，決定廢止金牌及優勝旂〉，《臺灣日日新報》第 8645 號，日刊 4 版，大正十三年（1924）六月十日。

有 1200 人、各音樂團（軒社）有 1500 人、各詩意閣（藝閣）1000 人、生花旗牌 600 人、提燈隊 200 人、販粧雜陣 1000 人、販粧神將 400 人、馬匹 500 人，其他 100 人，合計 6100 人〔註2〕。

　　大稻埕販售香燭金銀紙的商鋪每年的營收大約二十四、五萬日元，而這一年由於下雨的緣故，市況零零落落，損失慘重。〔註3〕到了六月十四日（農曆五月十三日），在細雨中遊行，後來雨勢加大，日文版用「全島十餘萬信徒殺到大稻埕」這種聳動的標題，來形容當時的盛況。並刊出一張婦女戴紙枷進香的照片，讓我們知道當時信徒虔誠的情形：

圖 9-1

資料來源：《臺灣日日新報》第 8650 號
夕刊 2 版　大正十三年（1924）六月十五日

另有兩張燒金紙的狀況：

〔註 2〕〈七千人の行列が　大稻埕を練り歩りく　十四日の城隍祭〉，《臺灣日日新報》第 8643 號，日刊 5 版，大正十三年（1924）六月八日。
〔註 3〕〈雨に流された城隍祭　二十四五萬の金ちるのを　見すく——逃す商人の大痛事〉，《臺灣日日新報》第 8649 號，日刊 5 版，大正十三年（1924）六月十四日。

圖 9-2

資料來源：《臺灣日日新報》第 8650 號
日刊 7 版　大正十三年（1924）六月十五日

圖 9-3

資料來源：《臺灣日日新報》第 8657 號
日刊 4 版　大正十三年（1924）六月二十二日

　　這一年雖然沒有評審頒獎，可是在「不輸人」的競賽心理支配下，迎神遊行的場面益加熱鬧。報導云：

> 本年稻江城隍繞境行列，雖由祭典當事者及諸有力家會議，提倡廢止優勝團之審查獎賞，已如前報。然各詩意閣及子弟陣頭依然非常奮發，幾於如萬花繚亂，齊放春天，寧遠過於例年也。譬如稻江老音樂團之靈安社，旗幟服裝概用品一切全部翻新，以四馬匹駝音樂手前導，其間，間以旗幟及童男童女之裝作花神，而以音樂隊及諸神像殿後。共樂軒之旗幟服裝，亦極整然可觀。以五匹馬前導，駝音樂手。其間用童男童女各二十四名，男挑美麗花籃，女荷新式金牌，又繼以詩閣受其他等，亦行列之長逶迤不絕。得樂軒及義安社、義英社、平安樂社、興義團、遊華團及其他諸音樂團體亦莫不添旗幟，整齊服裝，真令十數萬之觀眾歎為觀止。則信乎有不能以少數人意見，為之品第優劣。而識者且多各音樂團，其志果在於誠敬，不待獎賞。覺從來之設審查等等未免過於蛇足也。〔註4〕

《臺灣日日新報》又特別報導了王源遠號所裝設的詩意閣：

> 製造新式木屐之王源遠商行，去十四日大稻埕城隍繞境，彼亦裝合廣告的詩意閣一臺。題為東山綠竹，裝一謝安與兩妓。謝安著屐，兩妓攜綠竹，以機括迴轉。有聯云：「東山綠竹謝公屐，北地臙脂並蒂花。」山中詩云：「攜手東山姊妹花，臨風玉笛譜琵琶，芳辰周覽遊春屐，名士美人興不賒。」山前路口有一額云：「登東山而小虜」，山後路口又有一額云：「仿屐之遊樂乎？」意匠及詩聯皆出其家庭教師林凌霜氏之手。又造一大木屐，長七尺餘，高三尺餘，裝兩生番推挽之，頗有興趣。〔註5〕

　　在這一年，已經有了電燈，入夜後，各商鋪在都點上幾盞電燈，形同白晝，人潮也就更加擁擠。在這種空前熱鬧的情形下，內田總督的夫人帶著她的孫子，在有關官員的陪同下，一起到郭廷俊宅觀賞遊行隊伍，並接受林熊

〔註4〕　〈各音樂團之奮發〉，《臺灣日日新報》第8652號，夕刊4版，大正十三年（1924）六月十七日。

〔註5〕　〈源遠號之詩意閣〉，《臺灣日日新報》第8651號，日刊3版，大正十三年（1924）六月十六日。

徵的晚宴。第十章第二節會再提及這件事，在此不多敘述。

二、1925 年

　　大正十四年（1925）日本官方舉辦「始政三十年」的紀念活動，爲了場面熱鬧，動員全臺灣各地大廟前來參加遊行。到了霞海城隍迎神繞境活動時，各商團和軒社依舊盡全力來參加。於是報上用「空前未有大熱鬧」來形容。〔註 6〕在報導中，對於整個繞境的過程做了總體說明，是日天氣半陰半晴，是絕好的迎神繞境的日子。原先預定集合的時間是上午十點，可是由於各團體行動快慢不一，以致拖延到下午二點半，方才從大龍峒保安宮前出發，經過大龍峒街、頂下牛磨車街、枋隙街、國興街、入益保裕街、杜厝街、普願街、中北街、中街、南街，至永樂市場前、入鴨仔寮街、轉過稻新街，從派出所前，直透北門外街後，歸還於本廟，解散。歷時兩個多鐘頭〔註 7〕。

　　報導中還對參加的團體及其作品有所記述。參加的各團體在服裝方面的花費，多則千餘日圓，少則數百日圓。像共樂軒新做繡旗六十面，西洋式旗三十二面，拿旗的隊佐「長互數街」。又挑選妙齡女子六十名，身穿古裝，表現「吳宮教戰」的故事，組成「百鳥朝鳳」兩大隊。又有馬隊作前導，一路吹奏音樂，最受好評。靈安社提供兩個藝閣，一個是「萬仙陣」，有十九臺藝閣組成，上面坐了五十七名妙妓和各種禽獸動物型像。另一臺是「八寶公主打獵」，連結十四臺藝閣，上面也點綴各種動物型像。另外有單位推出「潘安出洛陽」藝閣，飾潘安者，坐在洋式馬車內，後面連結四臺藝閣。都得到觀眾的讚賞。

　　此外，基隆某浮船部做出輪船模型、米穀商提供「一莖九穗」、雜貨商之「鏡中人是意中人」與「翰文公過嶺」、藥商的「觀音收善才」、茶業鋪家的「水淹湯陰縣」、某香水店的飛機模型等，都是「推陳出新意匠，不似曩年之千編一律，陳陳相因者。」〔註 8〕

〔註 6〕〈空前未有大熱鬧之霞海城隍繞境　通衢大道幻出人海　爭奇鬥巧蔚成大觀〉，《臺灣日日新報》第 9034 號，日刊 4 版，大正十四年（1925）七月四日。

〔註 7〕〈空前未有大熱鬧之霞海城隍繞境　通衢大道幻出人海　爭奇鬥巧蔚成大觀〉，《臺灣日日新報》第 9034 號，日刊 4 版，大正十四年（1925）七月四日。

〔註 8〕〈空前未有大熱鬧之霞海城隍繞境　通衢大道幻出人海　爭奇鬥巧蔚成大觀〉，《臺灣日日新報》第 9034 號，日刊 4 版，大正十四年（1925）七月四日。

因為有精彩的藝閣，吸引了無數的觀眾，報上形容這種盛況：「大稻埕通衢大道，人山人海，肩摩轂擊，不知其幾十萬人。要之，此回遶境，可謂空前未有之大熱鬧也。」〔註9〕

三、1926 年

這一年的爐主是義恆發號劉耄。他在六月十四日下午六時，召集四位頭家（張東隆、新和成、黃全春、時春行）以及軒社代表六、七十人在江山樓開會，磋商本年度霞海城隍繞境事宜。〔註10〕

大正十五年（1926）有關霞海城隍祭典的報導中，比較特殊的一則是把參加提供藝閣的商鋪名號，完整的條列出來，讓我們知道究竟是那些商號在支持這個熱鬧的活動。報導云：

> 來二十二日，舊五月十三日，大稻埕街民依例恭迎霞海城隍遶境，昨今已由爐主其他極力鼓舞，聞至日昨，各商店其他之承諾裝閣者，已有五、六十臺。其店號如左：義恆發、新和成、張東隆、時春行、金德裕、陳英芳、劉有義、陳義順、楊年盛、泰豐行、鄭根木、連成興、乾元行、捷茂行、添籌行、瑞泰行、米郊金同順、茶郊金萬成、布郊金長利、屠戶金萬成、簐郊金福利、金自成、莊義芳、芳美行、大和行、捷豐行、福在吉、黃裕源、新集益、楊裕發、和洋什貨團、神農氏、廣興齋、李保發、周和與、新春成、聯義勝、金復勝、李長成、飲食店團、福州團、合盈芳、李大日、葉金塗、永樂町市場內、古物商團、賣藥團、飲食團金協和、雞鴨商金進益、煙草組合、基隆□浮船部。（以上各一臺）〔註11〕

這份名單讓我們看到一種現象：當時各種單一行業，往往形成一個商團組織，像米郊金同順、茶郊金萬成、布郊金長利、屠戶金萬成、簐郊金福利、飲食店團、福州團、永樂町市場內、古物商團、賣藥團、飲食團金協和、雞

〔註9〕 〈空前未有大熱鬧之霞海城隍繞境　通衢大道幻出人海　爭奇鬥巧蔚成大觀〉，《臺灣日日新報》第9034號，日刊4版，大正十四年（1925）七月四日。

〔註10〕 〈城隍祭典磋商會〉，《臺灣日日新報》第9381號，夕刊4版，大正十五年（1926年）六月十六日。

〔註11〕 〈城隍祭典　承諾藝閣者　已達五十餘臺〉，《臺灣日日新報》第9382號，日刊4版，大正十五年（1926）六月十七日。

鴨商金進益、煙草組合等。

各家商鋪爲了迎接龐大的客源，紛紛修整門面。在報導中特別提到，霞海城隍祭典期間的收益，大約占各商鋪一年總收入的十分之二、三。報導云：

> 臺灣各方面祭典中，最爲繁華、最爲熱鬧，而觀者輒成人海，如霞海城隍祭典之舉行，迫在目前。稻江商界鑑於例年之盛，共爲準備應付。蓋四方來觀者，多乘機採辦各色貨物，以期不虛此一行。故自數日來，吳服如高源發、黃裕源、新合成；漢藥如乾元、捷茂、臺北藥材公司、李金爍蔘莊；雜貨如新集益；金細工如豐天儀，及他諸大商，莫不先期整頓裝飾。一年之中，此時總欲發兑十分之二三。統觀其店鋪之布置，面目皆一新也云。〔註 12〕

在這一年的報紙上，先後四天刊出相關的照片，介紹霞海城隍祭典的盛況。六月二十二日的夕刊第 2 版，用日文報導：

圖 9-4

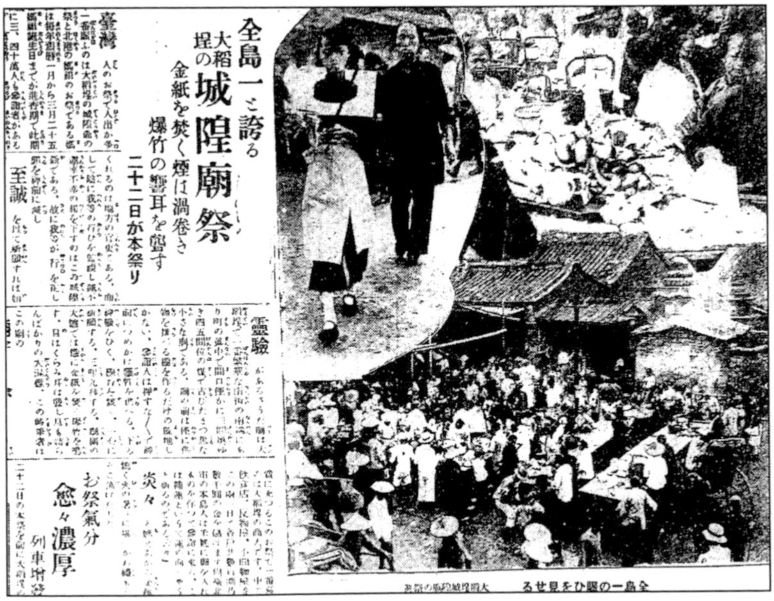
全島一と誇る
大稻埕の城隍廟祭
金紙を焚く煙は渦巻き
爆竹の響耳を聾す
二十二日が本祭り
臺灣
至誠
靈驗
炎々
お祭氣分
愈々濃厚
列車増發
全島一の賑ひを見せる大稻埕城隍廟の祭典

資料來源：《臺灣日日新報》第 9387 號，
夕刊 2 版，大正十五年六月二十二日

〔註 12〕〈稻江商界　面目一新〉，《臺灣日日新報》第 9387 號，夕刊 4 版，大正十五年（1926）六月二十六日。

二十三日的夕刊又刊出廟前的熱鬧景象，並且有一張八家將的照片。

圖9-5

圖9-6　八家將

資料來源：《臺灣日日新報》第 9388 號
夕刊 2 版，大正十五年（1926）六月二十三日

六月二十四日的夕刊又刊出熱鬧的照片，是用日文寫的。它的用意很明確，旨在向日本人介紹霞海城隍祭典的盛況。全版只有照片，沒有其他相關的新聞。

圖 9-7

資料來源：《臺灣日日新報》第 9389 號
夕刊 2 版，大正十五年（1926）六月二十四日

在同日夕刊第 4 版，用漢文刊出音樂團和藝閣的活舫照片，讓我們稍稍一睹
當時遊行時的盛況。

圖 9-8

資料來源：《臺灣日日新報》第 9389 號
夕刊 4 版，大正十五年（1926）六月二十四日

1926 年的霞海城隍繞境活動，似乎受到經濟不景氣的影響。在報導中說：

例年屆期一、二日前，中南部暨地方鄉民陸續而來。其流入金融，
日以萬計。然本年因各界景氣未能恢復，加之早稻失收，中南部暨
地方觀客，較之去年，約減去三分之一。唯各音樂團則踵事增華，
務使不落人後。重以各商團，爲挽回人氣計，競飾藝閣，興高采烈。
故自行列觀之，較之去年，不但毫無遜色，且益見熱鬧。而各音樂
團及各界人士，初以夜來驟雨，咸懷憂慮，迨至當日，自早開霽，
天氣晴陰參半，爲一絕好之迎神日。上午十時，各音樂團、詩意閣
其他，著著準備。至同十一時，陸續往大龍峒保安宮前取齊。過午
一時半，隊伍出發。首由神龍獻瑞，獅陣、陣頭順次入街。藝閣如
天女散花、收水怪、桃太郎、黃絲之結獻吳玉、華容點頭、黛玉葬
花、十二樓中畫曉粧等，尤爲特色。而音樂團之德樂軒，亦裝有「楊
貴妃醉酒」，有少女十二名，扮作宮女。共樂軒亦裝「昭君和番」，
臨時租馬十二匹，奏以音樂。又裝「王母臨凡」，以少女二十二名裝
作仙娥，幽雅可觀。靈安社亦裝「狄青取珍珠旗」，備馬十數匹，令
少女扮部將坐其上。又裝「唐明皇遊月宮」，概見少女數十名，裝作
仙娥。其他各音樂團中，隊佐見整齊，沿途繡旗蔽天，行列委蛇相
接，約歷一時半鐘，始得通過。在前清末葉，則爲創舉，於是有感
於改造者之難爲功也。〔註13〕

四、1927 年

這一年的市況不好，直到廟會前一兩天，上門的顧客不多。因爲「春雨
連綿，數月不開」、「霪雨不歇」的緣故〔註14〕。主辦單位也擔心迎神當天會
下雨，特別在六月十一日召集各方人士開會，討論是否延期。由於意見紛歧，
會中決定不論晴雨，依例而行。〔註15〕在迎神當天，先是出太陽，等到隊伍
正式出發後不久，下起大雨來，各音樂團在雨中遊行，觀者零落。相關的報

〔註13〕 〈稻江霞汴城隍繞境　各音樂團踵事增華　通衢大道　肩摩轂擊〉，《臺灣日
日新報》第 9388 號，大正十五年（1926）六月二十三日。

〔註14〕 〈城隍繞境前　市況意外寂寞〉，《臺灣日日新報》第 9741 號，夕刊 4 版，昭
和二年（1927）六月十一日。

〔註15〕 〈爐主等會議結果　城隍決定本日要迎　惟望其不降雨耳〉，《臺灣日日新報》
第 9742 號，日刊 4 版，昭和二年（1927）六月十二日

導分兩次刊出：

> 大稻埕霞海城隍祭典，全市民之開費不下數十萬圓。故其熱鬧，雖互全島各地，亦屬罕見。本年因雨水連綿，在祭典前日，尤淅瀝不歇。一般市民，莫不焦慮。遂為延期之議。幸而十一日，即古曆十二夜，漸有開霽之態，暗訪行列亦不如十一夜之淋漓不堪。於是香客往來遽加，車輿紛馳。北署行政係為保護交通，亦派警官數十名，在人眾什踏之街中，輪番取締（按：是「執行勤務」的意思）。

> 比至翌十三日，即祭典當日，朝來碧天如拭，既而紅日當空。諸善信咸謂至誠格天，有以使然。同時通路大道早已肩摩轂擊，擁擠不開矣。一面諸音樂團體、詩意閣、陣頭其他，亦著著準備取齊（按：「集合」之意）因久雨開霽，間如詩意閣等，不能於前日準備，雖於是早趕裝，亦難免稍延時刻。從而行列出發，竟遷延至午後一時半始得啟程。

> 以路關、神龍、獅陣當先。漸次及陣頭、詩意閣、音樂團體、神將其他。依路程，直由下牛磨車，直到中北街，轉入媽祖宮口街，彎過建昌街，出六館街，直至南街，然後委蛇各街。全行列通過時間亙二小時。

> 詩意閣中，含有廣告意味者多，不如往年之徒損無益。就中若和洋雜貨商團為宣傳雙美人齒粉，裝「銅雀春深鎖二喬」一閣，在閣上撒布廣告單。及新集益號、九三吳服店、和榮商會、高砂麥酒、其意匠之裝飾，頗合於廣告目的。

> 音樂團中，若共樂軒則以音樂隊，分乘馬匹十四隻當先。繼以誘旗及海族一陣。惜乎，豪雨沛然，海國慘憺之光景，不堪目擊。要之，行列出發之時，天氣陰晴參半，然以出發未幾，雨師復來。各音樂團雖冒雨直進，至同二時頃，越降越豪，故如其他特色之藝閣及超然之音樂團繡旗，因遭雨避去，不能一一持出，誠屬遺憾。（其詳細容後續報）〔註16〕

> 前報大稻埕霞海城隍祭典行列，至途中遇雨，各音樂團體、詩意藝

〔註16〕〈鼓樂震地旌旗蔽空之霞海城隍祭典行列　至途中遇雨　零落不堪目擊〉，《臺灣日日新報》第 9743 號，日刊 4 版，昭和二年（1927）六月十三日。

閣、神將等，暫時避去一節。本欲候雨霽再迎，第以沛然不息，漸漸散去。唯關將、神輿等，照豫定路關，遶境一周而已。

聞本年因基隆、淡水、桃園及他各音樂團，特地參加行列，故當地音樂團等，尤益奮發，加製繡旗，裝物種種，以期眩耀人目。惜乎遭雨，零落星散。總計當日和地音樂團體繡旗，其他裝飾品，濡濕過半。如共樂軒新舊繡旗三百六十四本，所費不貲。自始至終，冒雨遶行，濡濕特甚，聞此後似難再用。

諸陣頭藝閣，多有推陳出新。如共樂軒所裝「四海拱服」、「水淹金山寺」、「唐宮傳藝」，「遷遷貫金獅」，獅長二丈，計開二千餘圓。靈安社所裝「弄玉吹簫」，有十六隻大鳳，金龍二條，長各二丈。福州團所裝「洛陽橋」，尤極意匠。音樂團遠近參加者，基隆得意堂、松山福安郡、淡水青年音樂團，人齊服整，均爲觀眾稱讚。

一般大群之中，衛生狀態，中唯二名腹痛，爲醫救護。迷兒十名，有人帶到警署報知。

合各經濟界，爲雨影響，無形損失，何止萬計。直至薄晚，始漸開霽，旋而星光月影，亦漸現于雲間。遠方觀客尚未歸去，一時街上，依然雜踏。旗亭妓館，應接不暇，而各劇場亦咸滿員云。〔註17〕

五、1928 年

這一年號稱是建廟八十周年〔註18〕。實際上，從清咸豐三年（1853）頂下郊拼那年算起，到昭和三年（1928），才滿七十五年。在祭典前十天，就有針對當時準備情形的報導：

> 本島年中唯一大賽會之大稻埕霞海城隍大祭典，因日期已迫，去十七日，乃由爐主頭家等，招集關係者及市內音樂團代表者四、五十名，磋商一切。聞本年值八十周年紀念，加之連月來降雨，中南部暨地方貨客，鮮有到北，最近放晴，當能乘此機來北辦貨，兼觀祭典，其熱鬧可卜而知。

〔註17〕〈城隍祭典續報　諸雨後各團體解散　無形損失何止萬計〉，《臺灣日日新報》第 9744 號，夕刊 4 版，昭和二年（1927）六月十四日。
〔註18〕〈八十週年記念城隍大祭　交涉車賃減折　音樂團暗中活動〉，《臺灣日日新報》第 10115 號，日刊 4 版，昭和三年（1928）六月十九日。

至音樂團中，亦皆於暗中活躍。市中馬匹，盡皆爲共樂軒、靈安社、德樂軒等租去。此外，基隆音樂團靈安郡聚樂社早已決意來北，分甲五十圓、乙二十圓、丙三圓三種類寄附金（按：是爲「捐款」），計得四、五千金，欲充當日之費用。曾向爐主聲明，而同地音樂團得意堂，去年參加行列，大博美評，故本年自亦不落人後。

又，爐主等爲圖本部暨地方觀客之便，各鐵道當局交涉增發臨時列車，固無待贅言。且以本年八十周年紀念大祭，特爲交涉車賃減折，許否尚未可知。

一面市內商人因遭不景氣，亦冀此時極力挽回，計畫宣傳廣告等等，而內地人中，若商船、郵船、旅館其他自發的聲明寄附者，不乏其人。由此觀之，再經一星期後，祭典氣分自當橫溢全市也云云。〔註19〕

經過一番交涉，鐵路局應允從六月二十九日（古曆五月十二日）、三十日（五月十三日）、及七月一日（五月十四日），從臺北到宜蘭、新竹、基隆、淡水各線火車票全部打八折，同時也增開臨時加班車〔註20〕。

公路方面也增加公共汽車（當時稱作「乘合車」）十八輛，萬華到大稻埕班車每兩分鐘一班，三重埔枋寮到臺北的班車，每十分鐘一班。新店、螢橋到臺北的班車，每十五分鐘一班。板橋到臺北的班車，每隔二十分鐘發一班車。〔註21〕

這一年的迎神繞境又敗在大雨之手。爲了防範午後雷陣雨，特地提前在中午十二時半，集結於大龍峒保安宮前，準時出發。不料到了下午二時許，大雨傾盆而下，各軒社、藝閣紛紛走避，以致行列大亂。各行各業的收入大受影響。〔註22〕

〔註19〕 同上註。
〔註20〕 〈霞海城隍祭典　汽車減價〉，《臺灣日日新報》第10118號，日刊4版，昭和三年（1928）六月二十二日。
〔註21〕 〈霞海城隍祭典　乘合車　每日增加十八臺〉，《臺灣日日新報》第10124號，日列4版，昭和三年（1928）六月二十八日。
〔註22〕 〈雨師亦太作惡劇　城隍祭典當日　故意翻雲覆雨　各方面損失說〉，《臺灣日日新報》第10128號，日刊2版，昭和3年（1928）七月二日。

圖 9-9

資料來源：《臺灣日日新報》第 10127 號
日列 5 版，昭和三年（1928）七月一日。

　　這一年在陣頭、藝閣方面，大稻埕本地的幾個軒社，如共樂軒、靈安社、
德樂軒等，都參加繞境。基隆的聚樂社特別籌募五千日圓，組成五百人的大
隊伍，服色一致。

　　報載：在裝飾藝閣方面，福州團兩陣，一陣是「活金龍」，一陣是「潮州
八音」。再加上幡桃赴會十三臺，洋樂兩隊，繡旗一百八十七對，洋旗三十三
對，馬四匹，金獅三隻，金繡旗一百對。共樂軒馬十七匹，金旗一面（與昨
年同），藝閣無數。即九曲黃河陣二十二陣，賈元春省親一團，儀仗隊用少女
四十人。其他一切美不勝收。然一如水鼠，繡旗衣服，損失莫大。只一執旗
之人，昨年工資四十錢，為雨之故，驟加數倍，為一圓二十錢。〔註23〕

〔註23〕〈大稻埕霞海城隍　八十年紀念大祭　行列中之踵事增華　竟為無情雨師
　　　　所收〉，《臺灣日日新報》第 10217 號，日刊 4 版，昭和三年（1928）七月一
　　　　日。

圖 9-10

資料來源：《臺灣日日新報》第 10127 號
夕刊 2 版，昭和三年（1928）七月一日。

六、1929 年

在此之前，只有少數日本商社參加霞海城隍祭典的迎神繞境活動。而這一年，日本商社參加者眾。在六月八日的報導中說，應允參加迎神繞境的商鋪已相當踴躍。應允提供一臺詩藝閣的本地商鋪計有：米郊金萬順、茶郊臺北茶葉公會、布郊金長利、簽郊金福利、藥郊臺北藥業組合、屠戶金萬成、林嵩壽、陳茂通、乾元藥行、添籌藥行、神農藥房、新集益、楊裕發、金泰亨、張東隆、福記商行、吳順益、蓬來閣、芳興行、金瑞山、許文記、李保生藥行、吳順興、中北街雜穀團、葉雙發、楊錦章、黃義裕、吳信義、恆利、陳大成、陳錦興、新合義、盛利、新泰裕等三十四家。又有黃裕源、永和行、永成泰、怡泰行、新春成、新復勝、張協元、東西藥房等聯合提供一臺藝閣。

在日本商社方面計有：大畸公司、日進商會、盛進商行、星加商行、菊元商行、菊元榮、富永商店、鈴木商行、勝正商行、黑川商行、江原洋行、臺北自動車會社、柴田、巴自動車商會、星商事會社、橋口商店、大新自動車會社、大阪商船、日本郵船會社、三井車仔線部、山岡發動機灣灣出張所、

日東、大和、馥泉、大塚各製冰、信和商行、昭發商行等二十七家。

這是極少數的例子，記載有那些商店或商團，提供詩意藝閣，參加迎神繞境。在此之前，日本商店只是零星的參加，在 1928 這一年，竟然有二十七家日本商店參加迎神繞境，是空前的壯舉。

事先就傳出風聲，有十二家棉布商已決定要推出「萬國美人」的藝閣，共並且簽下合約，保證一定成功。〔註24〕

警察北署也要求警察單位在廟會期間要嚴格查驗各攤販所販售的冰品、飲料等食物，不合格的食品一律廢棄。同時對轄區入所有的旅店、飲食店、料理店，要打掃乾淨，備置捕蠅器、捕蠅紙，打廁所打掃乾淨，撒上除臭劑。各理髮店也要消毒乾淨。肉攤、肉鋪也要注意衛生，尤其是取締販賣私宰肉品。〔註25〕

這一年對於各商團和軒社的準備情形有一些報導。在〈霞海城隍繞境先聲〉這篇報導中指出：

> 大稻埕霞海城隍祭典，其日期已漸迫近。聞本年繞境，各音樂團之燦行，詩意閣之裝飾其他，雖值不景氣，第因綿布商及新進之自動車（按：現在稱之為「汽車」）業者，米商、籤郊、雜貨商、藥郊等，皆勇氣勃勃，計畫種種宣傳方法，參加行列。至於各音樂團，亦各投數千金，暗中活動，爭租牛馬、自動車等，以備燦行。甚且有利用自轉車（按：今稱自行車）隊者。聞如共樂軒、靈安社、德樂軒，則尤崢嶸，祈出人頭地。共樂軒員某，者番（這次）因聘上海少女歌舞團來臺，有欲利用之參加行列中。靈安社、德樂軒一聞此消息，亦為此對抗，正秘密計畫中。至於棉布商，則有新春成、新協興、黃泉春、李大日、劉義利、怡泰號其他等，店東十二名，變裝為萬國美人燦行。
>
> 由此觀之，本年熱鬧應駕常年而上，可想而知也云云。〔註26〕

這一年的爐主高源發號想要改變行之多年的繞境路線，自大龍峒直至舊媽祖宮口，不再折入舊建昌街。所持的理由是先繞小街，然後及於大路，這

〔註24〕〈大稻埕布商　店東十二名　裝萬國美人　參加城隍祭典〉，《臺灣日日新報》第 10463 號，夕刊 4 版，昭和四年（1929）六月五日。

〔註25〕〈城隍祭典　北署札飭警官　取締衛生〉，《臺灣日日新報》第 10467 號，日刊 4 版，昭和四年（1929）六月九日。

〔註26〕〈霞海城隍繞境先聲　共樂軒、靈安社、德樂軒活躍　各投數千金〉，《臺灣日日新報》第 10470 號，日刊 4 版，昭和四年（1929）六月十二日。

麼一來，舊建昌街的居民大爲反對。〔註 27〕。經過郭廷俊等人的協調，雙方代表向北署的岩田署長和酒井行政科長報告，北署核准新的繞境路線。「結局照所印行路關實行，唯望對督隊者，嚴重指揮陣頭，俾勿中途退散。務至通過舊建昌街，以副同街民所望。所有爭議至是圓滿解決云。」〔註 28〕

這一年的繞境路線就變得很長，正午十二時前在保安宮前集合，煙火三發起駕，經大龍峒街、頂下牛磨車街、過大橋頭、經杜厝街、普願街、中北街、中街、南街、過本廟前永樂町市場、鴨仔寮街、轉入稻新街茶商公會前，而出太平町三四丁目、至怡和巷派出所前，轉入井仔頭街、新店尾、惟新街圓環、轉下奎府町郵便局，經臺灣民報社前，至新舞臺角，轉出林祖廟前大路，迂迴至烏隘門，而出太平町一丁目大路，至石橋頭派出所前，右折經中華會館，由眞開寫眞館前，入建成町大圓環，經得勝外街，入六館仔，正米市場前，轉入建昌街，出舊媽祖宮口街，經朝陽街、靜修女校、北署邊，太平公校宿舍角，直透慈聖宮休憩。（食點心）再由慈聖宮起程，至怡和巷派出所、灣入隆記後街，而出獅館巷大路，經震和街、保甲路、怡和巷、長興街、永和街、永樂町市場邊，抵本廟駐駕，陞座大吉。〔註 29〕

有一家丸一吳服公司這一次專門製做一個巨大的西洋美人，參加繞境。同時印了幾萬張廣告單，沿街散發，自六月十六日至二十二日的一週內，半價出售最新的夏布〔註 30〕。添籌藥行以創立七十五年爲由，舉行大特賣。捷茂泰商行趁此機會，大力宣傳他所代理的シチヨタ麥酒（啤酒）。在街上散發廣告，拾得其中蓋有印記者，可以換取一瓶啤酒。〔註 31〕

大稻埕青年團也在太平公學校前、太平町發記茶行前，以及北門町派出所前，設立兒童保護所與醫療救護所。也印了許多大稻埕的地圖，分送給有需要的人。〔註 32〕

〔註 27〕　〈稻江城隍繞境路關　一小部市民唱反對　當局極力居中協調〉，《臺灣日日新報》第 10472 號，日刊 4 版，昭和四年（1929）六月十四日。

〔註 28〕　〈稻江城隍繞境路關爭議圓滿解決〉，《臺灣日日新報》第 10472 號，日刊 4 版，昭和四年（1929）六月十四日。

〔註 29〕　〈城隍爺繞境行列路關〉，《臺灣日日新報》第 10473 號，夕刊 4 版，昭和四年（1929）六月十五日。

〔註 30〕　〈城隍祭典大賣〉，《臺灣日日新報》第 10475 號，日刊 8 版，昭和四年（1929）六月十七日。

〔註 31〕　〈城隍祭典大賣〉，《臺灣日日新報》第 10475 號，日刊 8 版，昭和四年（1929）六月十七日。

〔註 32〕　〈大稻埕青年團設兒童保護所　並市區指南圖〉，《臺灣日日新報》第 10476

由於事先的宣傳和準備工作做得多，這一年參加繞境的團體如下：

音樂團：1. 大龍峒、2. 宮前町、3. 四崁仔、4. 大橋町、5. 和尚洲、6. 北投庄各獅團、7. 國興團、8. 臺北織物商組合萬國美人、9. 吳服商催物福州團、10. 集英郡、11. 和興社、12. 忠武社、13. 復興義軒、14. 清和社、15. 六合軒、16. 存義社、17. 中樺軒、18. 南樂社、19. 南龍社、20. 興義團、21. 旭昇社、22. □遊樂社、23. 福興社、24. 同志軒、25. 德樂軒、26. 聚賢堂、27. 清華閣、28. 遊華園、29. 泉什音（稻江）、30. 萃英社、31. 聚樂社、32. 新集社、33. 會樂社、34. 金海利團、35. 泉什音（臺北）、36. 龍鳳社、37. 雙蓮社、38. 鐵樂社、39. 三合社、40. 北門郡、41. 朝日運動靴西洋樂、42. 保安社、43. 福樂社、44. 新安樂社、45. 靈安社。

藝閣：1. 丸一吳服店、2. 大和羅紗店、3. 張亦泰商店、4. 亞細亞ホテル（旅店）、5. 新合義、6. 陳大成、7. 葉雙發、8. 李永成、9. 和榮商會、10. 新集益、11. 藥郊金建安、12. サクラ（櫻花）麥酒、13. 漢藥組合（小美人十閣）、14. 乾元行（白娘娘取還魂草）、15. 金順利布袋商團、16. 劉氏綢、17. 簸郊金福利、18. 自成加記、19. 黑川商行、20. 布郊金長利、21. 盛進商行、22. 山崗發動機、23. 許文記、24. 捷茂捷裕合一閣金瑞山（招財進寶）、25. 張東隆（裝自動車載揮發油）、26. 芳興行（擲菓盈車）、27. 勝正行、28. 金萬成、29. 鯤溟會館、30. 鋪家金協和、31. 蓬萊閣、32. 泰美商行、33. 臺北製冰計算所、34. 橋口商店、35. 菊元商行、36. 鈴木商行、37. 蔡炎明、38. 旭昇社打生番（飛行機及空氣球）、39. 臺北自動車會社（閣名臺北市之交通有自動車行駛及佈置市街有電柱邊掛左側通行之便為交通公益宣傳）、40. 大新自動車會社（碧潭泛月為新店名所，用二少女棹舟）、41. セール商會、42. 菊元榮商店、43. 陳福討、44. 神農氏大藥房、45. 山海金紙工場、46. 金同順爐主高源發（裝蜈蚣閣天孫獻瑞）、47. 林嵩壽（裝白傳詩詞唱柳枝）、49. 德樂軒（小閣十二閣、又大閣一閣）、50. 基隆聚樂社（水晶宮一閣、蟠桃會一陣、小閣美人十六人、九曲黃河陣）、51. 楊裕發、52. 星加商行南富永、53. 日進商

號，夕刊 4 版，昭和四年（1929）六月十八日。

會、54. 江原洋行、55. 黃清灼、56. 新安樂社小閣美人八人、57.
靈安社（鳳二隻、內加音樂、八美遊江、蘇東坡遊赤壁、小閣美
人十八人）、58. 不知名二閣云。〔註33〕

第二天又追記先前漏列的單位，計：1. 平安樂社、2. 吳瑞記地下タビ店、3. 錦記茶行、4. 茂行藥行、5. 捷茂商行、6. 泰福記商行、7. 信和商行、8. 士林罐頭工場、9. 楊錦章、10. 黃義裕、11. 吳義信、12. 張合源、13. 柯恆利、14. 明正、15. 陳錦興、16. 新泰裕、17. 盛利、18. 黃裕源、19. 永和成、20. 泰怡、21. 泰東西藥房、22. 新春成、23. 昭發、24. 新復盛、25. 張協元、26. 老春成、27. 新協興、28. 勝發棧、29. 義利本支店、30. 黃泉春、31. 長成義記、32. 李大目、33. 謝順德等〔註34〕。

　　一共有 136 個單位，提供陣頭和藝閣共 145 個。這個遊行繞境的隊伍是非常的壯觀。六月二十日在夕刊的第四版刊出了兩張照片，上一張是蜈蚣閣，右下一張是藝閣。雖然不很清楚，也讓我們可以約略領受當時的盛況。

圖 9-11

〔註33〕　〈霞海城隍繞境　音樂團及陣頭續報〉，《臺灣日日新報》第 10480 號，夕刊 4
　　　　版，昭和四年（1929）年六月二十二日。
〔註34〕　〈城隍繞境雜觀〉，《臺灣日日新報》第 10481 號，日刊 4 版，昭和四年（1929）
　　　　六月二十三日。

由於參加繞境的隊伍比先前任何一年都要來得多，爐主高地龍特地設宴答謝各單位，有一百六十多人應邀出席。在席間，高地龍致感謝詞，大意是說：「城隍祭典行列，辱蒙一般奮發，加意裝飾，甚博好評，茲備薄酌，聊申慰勞之意。」〔註35〕

由於太過於盛大，交通為之大亂，噪音也震耳欲聾，引來許多不滿的聲音，認為在保健和經濟上都有惡劣的影響。於是，有一些反對者印發幾萬份傳單，在十八、十九兩天，在大稻埕市區內散發。〔註36〕

七、1930 年

昭和五年（1930）的霞海城隍祭典有了新的發展。臺北商業會、臺北實業會與國產振興協會等三個單位，有鑒於例行的霞海城隍慶典與臺灣總督府張羅的「始政紀念」，同在六月六日至六月十九日之間的兩週內舉行，於是特別推出「優良國產品展覽會」〔註 37〕。要網羅全國（指日本帝國）一般與日常生活有關的代表產物，而且是可以在工場中大量生產的產品。要從原料，到成品的整個生產過程，加上標示、貿易與品質管制等項目，做完整的展示。同時為了刺激商況，要設立販賣店，銷售所製做的產品。

展覽會分兩個場地。一在太平町六丁目，是展覽會的主會場和販賣店。正面是兩個用電燈裝飾的拱門。所展示的產品都是由「國產振興協會」所提供純正日本國內的產品，計三百個項目，都是非賣品。又設四十四個攤位，可以販售商品。另一個場地在永樂公學校北側的空地，有各種娛樂餘興節目，放映產業振興的幻燈箱、メートル法的宣傳電影，有歌手駐唱，也有一些商販。〔註38〕

在實際做法上，一方面是在大稻埕、萬華兩地，在各商店前，樹立「國產愛用日」的標示牌，加上散發宣傳單、樂隊的遊行、汽車的車廂廣告。另

〔註35〕〈城隍祭慰勞會〉，《臺灣日日新報》第 10483 號，夕列 4 版，昭和四年（1929）六月二十五日。

〔註36〕〈時代は遷つる——城隍爺のお祭り騷ぎ　反對の叫び　島人間に蜂起〉，《臺灣日日新報》第 10508 號，夕刊 4 版，昭和四年（1929）七月二十日。

〔註37〕〈祝城隍祭及始政紀念　優良國產品展覽會　臺北商業會主催〉，《臺灣日日新報》第 10822 號，日刊 8 版，昭和五年（1930）六月二日。

〔註38〕〈臺北商業會の主催で　優良國產展開催　六日でり十九日迄大稻埕で　會場二個所數數の餘興もあり〉，《臺灣日日新報》第 10826 號，日刊 3 版，昭和五年（1930）六月六日。

一方面是各種娛興節目，有活寫（即電影）、煙火、探寶和演戲。每天上午十時開場，不收門票〔註39〕。殖產局派幾名技師現在操作メートル法，大日本製冰、觀泉製冰、大和製冰等三家提供大會所需的冰塊。各商店所製做的廣告燈箱有六十多個。〔註40〕

在祭典之前的準備工作更加細緻。大稻埕三家軒社，即共樂軒、靈安社、德樂軒，積極準備各種裝備，以期出奇制勝。安樂社更向海峽對岸（沒有指明何處，推測是福州）定製大型的繡旗數十面。臺北市內所有的牛車、馬匹，全部預定完畢。祭典前三天，在臺北火車站前廣場，樹立天幕（大型帳蓬），成為免費的休息場所。大稻埕青年團派員在祭典期間指揮交通、設立臨時保護所、也大力宣傳各種衛生注意事項。〔註41〕

由於前一年為了繞境路線而起爭執，這一年的繞境路線如下：

> 六月九日午前十時，由保安宮前出發，出（臺北）大橋，至永樂町五町目派出所前，，右折入陳天來宅前，轉出港町派出所前，正米市場前，永樂市場，更入永樂町四丁目派出所前，左折入太平町三丁目十字路，出菊元商店前，直由太平町一丁目派出所，入臺北裏驛（後站），出建成町新舞臺前，左折出太平町五町目，向天主教堂前，更入圓環公園，轉出日新公學校側，向太平町通，直至媽祖宮前，解散。〔註42〕

這一年由於豪雨連綿，街上行人較少。在祭典前幾天，乘火車和公共汽車來大稻埕的人未見減少，可是當地肩挑祭品前來拜拜的人，卻少了很多。可是在霞海城隍廟前，燒香的人依舊是「雜沓不堪」。中南部與新竹、宜蘭等地的商人，在祭典前幾天就來臺北，採辦貨品，市況非常熱鬧。〔註43〕

〔註39〕 〈祝城隍祭及始政紀念　優良國產品展覽會　臺北商業會主催〉，《臺灣日日新報》第10822號，日刊8版，昭和五年（1930）六月二日。〈臺北商業會の主催で　優良國產展開催　六日でり十九日迄大稻埕で　會場二個所數數の餘興もあり〉，《臺灣日日新報》第10826號，日刊3版，昭和五年（1930）六月六日。

〔註40〕 〈臺北商業會の主催で　優良國產展開催　六日でり十九日迄大稻埕で　會場二個所數數の餘興もあり〉，《臺灣日日新報》第10826號，日刊3版，昭和五年（1930）六月六日。

〔註41〕 〈霞海城隍祭典　各音樂團暗中準備　青年團決出整理交通〉，《臺灣日日新報》第10826號，夕刊4版，昭和五年（1930）六月六日。

〔註42〕 〈霞海城隍祭典　各音樂團暗中準備　青年團決出整理交通〉，《臺灣日日新報》第10826號，夕刊4版，昭和五年（1930）六月六日。

〔註43〕 〈霞海城隍祭典前一日　地方人民漸多北出　但比例年減少無數〉，《臺灣日

　　參加迎神繞境的隊伍也大為減少，只有三十多檯藝閣。可稱道者為「迺生產石油會社」所提供的「靈娥弄珠」和「蓬萊閣旗亭」所提供的「蓬萊赴會」。入選的原因是「蓋其意匠頗新穎，能合廣告的意味」。在軒社（音樂團）方面，大稻埕的幾個軒社全部出動，包括德樂軒、共樂軒、靈安社、新安社、平安樂社等。「隊伍頗齊」是一大特色。向海峽對岸所訂購的繡旗，也是令人耳目為之一新。

　　不僅藝閣和軒社（音樂團）的數量大減，其他地方組隊來參加者，估計這次繞境的隊伍，臺北當地的隊伍很少，「關（官）將千餘人，香客數千人」，一般觀眾也不如往年之盛。報上推究原因是這一年市面景氣非常不好。〔註44〕不過在特別推出的兩個特別展覽會場，前往參觀的人氣很旺。

　　這一年報上刊出四張相關的照片，由於印刷品質尚可，也就比較清晰。第一張是「萬頭攢動觀稻江迎城隍盛況」，刊在日刊第4版：

圖 9-12

萬頭攢頭觀稻江迎城隍盛況（記事參照）

資料來源：《臺灣日日新報》第 10830 號，
日刊 4 版　昭和五年（1930）六月十日

在第七版日文版上，刊出三張照片：

　　日新報》第 1082　9 號，日刊 8 版，昭和五年（1930）六月九日。
〔註44〕〈大稻埕霞海城隍祭典　四方來觀者依然不計其數　藝閣陣頭各為雨相當減
　　　　少〉，《臺灣日日新報》第 10830 號，日刊 4 版，昭和五年（1930）六月十日。

圖 9-13

　　到了六月十四日（古曆五月十三）正式迎神繞境的那一天，天氣放晴。
正式的祭典是在下午二時舉行，由臨濟寺坂上老法師誦經，祭典的主任委員
莊輝玉讀祝文，祭典委員陳天來、陳茂通、郭烏隆、張東華、李保發等人，
以及來賓相繼拈香，至三時半禮成。來賓有臺北州鈴木教育課長、臺北市葛岡
社會課長、北署代理並鉅鹿等人，以及李聲元、柯秋潔等二百七十多人〔註45〕。
在此之前，報導的重心是熱鬧的場合，從這一年起，注意到祭典本身如何進
行，是一種重大的轉變，也是逐步回歸到祭祀的本質。

　　前一年出現反對的聲音，今年反對的聲音更大，目標也更明確。臺北維
新會對於祭典時的帶紙枷、化粧八家將、虐用少女粧藝閣等項，極力反對，
散發宣傳單，也開演講會，講題是「反對迎城隍粧藝閣」、「打倒掛紙枷粧八

─────────────

〔註45〕〈城隍正式祭典頗呈盛況〉，《臺灣日日新報》第 10837 號，夕刊 4 版，昭和
　　　　五年（1930）六月十七日。

將」等。〔註46〕

　　對於這一年霞海城隍祭典的熱鬧情形，只有這麼一則簡單的報導：

　　　大稻埕霞海城隍祭典，其熱鬧已如前報，暨中南部來者，多寄足在
　　　戚友處，或旅館，再留一天，故祭典市況為之一振。寂寂之各種門
　　　市，忽形熱鬧，收入不少。而總商會之納涼會場，夜放廣東花火，
　　　寂寂上空，現出萬朵金花，餘興場中之支那劇，活動寫眞，及音樂
　　　會亦齊開。入場者擁擠不開。又商業會主催之國產展會場，往觀者
　　　亦呈雜沓。兩處賣店，頗呈佳績。至於酒館、戲園，亦頗呈熱鬧。
　　　翌日市況，仍然好況。顧此二日間，流入臺北市內金錢，約不下數
　　　萬圓。〔註47〕

八、1931 年

　　由於前一年的產業展售會做得相當成功，商人大受鼓舞，今年就擴大辦
理。在聲勢上，大有凌駕祭典與迎神繞境之上的態勢。在《臺灣日日新報》
的報導上，原先是在祭典之前一兩星期，要報導如何籌備這一年的繞境事宜。
是這一年卻以報導產業展售會為主。在六月八日，就大幅報導今年的展售會
有關的消息：

　　　臺北總商會訂本月十六日至來月十五日，於大稻埕舊稅關地，主催
　　　產業展覽會，即商品即賣會，及全國百貨見本展示會。目下正山幹
　　　部，著著準備。去六日午後八時餘，招待市內報界人士，出席者十
　　　數名。郭廷俊氏敘禮後，蔣渭川氏略將主催宗旨及一切計畫說明。
　　　席間來賓一邊，頻述希望意見，並有質問。蔣氏一一答之。究就徵
　　　收入場料十錢問題，立場不同，意見頗異，問答頗費時間。十時頃
　　　散會。其計畫內容大體如左：
　　　一、出品　分審查品、實約品（即賣品）、參考品、宣傳品。但有亂
　　　　　　　　風俗秩序，或慮有害衛生，及危險，或為眾所嫌忌者，
　　　　　　　　概行拒絕。

〔註46〕〈臺北維新會反對掛紙枷　虐用少女粧閣〉，《臺灣日日新報》第 10831 號，
　　　夕刊 2 版，昭和五年（1930）六月十一日。

〔註47〕〈城隍祭典後　市況為之一振　兩會場觀客擁擠不開　酒館戲園異常熱鬧〉，
　　　《臺灣日日新報》第 10831 號，夕刊 4 版，昭和五年（1930）六月十一日。

二、審查　託之實業團體長或實業界關係官廳，除即賣、賣約參考、
　　　　　宣傳等品外，概行審查，認爲優良者，分等第賞之，即
　　　　　一等至五等。

三、觀覽　時間：每日午前九時至午後十一時。一人入場料（門票）
　　　　　十錢。五十人以上團體，及教員所率學生，特別減折。
　　　　　入場者，贈以景品福籤。

他如見本展示，則於展覽會場內，限十日間，即自本月二十六日，
至來月三日，交兩三百圓以上顧客贈以景品福籤一枚。又交圓三百
圓以上、五百圓以上，千圓以上，各給贈物、遠近有別。要之，本
島商業團體計畫主催，實自該會始。況且關係霞海城隍祭前後，合
有相當成績，一般頗期待云。〔註48〕

至於參展的內容，可以參考這一則報導：

產業展　埔里實業會出品十三點

臺北總商會主開之產業展覽會，親商即賣會，全國見本展示會，於
去月間，勸誘內地及島內各商業團體，出品陳列一節，已如前報。
目前接其回答，決定出品者踵到。而島內埔里實業協會，亦以會長
山下藤太郎名義，決定出品十三點。其種目如左：一、樟之床柱。
二、紅豆樹（指物用材）。三、血藤。四、鍬柄。五、改良木屐。六、
樟腦化學木屐。七、蝶類。八、蛇皮製品。九、鳥獸類製品。十、
苧麻。十一、筍罐菇。十二、烏龍、紅茶類。十三、蕃產品、蕃布、
鹿角類。〔註49〕

大稻埕的商人也起而仿效，乘產業展和迎城隍的大好機會，推出「聯合
大賣出」。凡是消費在一圓以上的顧客，贈送抽獎券一張。市內的旅館、公共
汽車業者，爲招攬人氣，對住宿的旅客和乘車的乘客，都附贈產業展入場券
一張、抽籤券一組。〔註50〕

〔註48〕　〈總商會霞海城隍祭日前後　主催產業展即賣會　及全國貨見本展示入場料
　　　　　十錢　爲全島商工團之創舉方著著準備〉，《臺灣日日新報》第 11180 號，日
　　　　　刊 8 版，昭和六年（1931）六月八日。
〔註49〕　〈產業展　埔里實業會出品十三點〉，《臺灣日日新報》第 11180 號，日刊 8
　　　　　版，昭和六年（1931）六月八日。
〔註50〕　〈大稻埕商人　聯合大賣出　乘產業展及迎城隍好機會〉，《臺灣日日新報》
　　　　　第 11203 號，日刊 4 版，昭和六年（1931）六月二十一日。

這一年繞境的路線為：在保安宮口取齊（集合），煙火三發啟行，由大龍峒直下牛磨車街、□盛街、益保裕街、杜厝街、普願街、中北街、中街、南街、永樂町市場、鴨仔寮、轉入新興街、彎過太平街張東隆□□、至羅紡商店角、入□美店前、轉出協吉□宅前大路、經□□寫眞館角、而入舊建成街□管員宅前、直透□□局前、轉出□□會館、轉大和□□場館大路、至博愛醫院前，入普仁街、至烏隘門、轉出北署人太平町、至□香居□角、入稻新街六館仔、轉建昌街舊媽祖宮口街、經媽祖宮後街、□□錦茂茶行前大路、經得勝街錦和□□、蓬萊閣、轉入建成街、經圓環、維新街、新店尾街、朝陽街、九間仔太平通、至□□□町前仁安醫院角、轉經慈聖宮前內邊、直透町□□事務所角、轉入郭廷俊宅前、至金泰亨街，右折經長興街、井仔頭街、新店尾、由天主教堂前，轉過蓬萊公學校大路，由陳姓祖廟通過，彎過至教育所，轉出□□道路，經靜修女學校，北署邊道路，□至太平公學校邊大路，至慈聖宮（食點心），經由獅館街轉入普願街後，中北街後、長樂街、永和街、回本廟駐駕大吉〔註51〕。

對於這一年的迎神繞境實際狀況，有一則簡單的報導：

既報全島年中唯一大行列稻江霞海城隍祭典之去二十八日，自晨雲天，微有雨意，煙塵不起，不覺消暑，恰為絕好迎神日，皆以為城隍之靈感。同地一帶，自兩三日來，漸有熱鬧氣象，而至是日，尤見熱絡。自正午陸續齊集于大龍峒保安宮前，燃放煙火三通，神輿起駕。參列團體，隊伍整然，蜿蜒而行。是日因為降雨，一同均自早取齊，故自過午一時頃，一齊會集起程。不至如往年之還頓。而行進時刻亦較速。且因參加團體其他，亦稍寡於往年，故進行時間不過一時。自保安宮前神輿起駕後，照前所定路關，迢遠全稻江，直至微暮，神輿回本廟駐駕。本年參加陣頭及進香客，暨一般群眾，雖不及往年之盛況，臺南嘉義獅團特來參加燦行。及各陣頭皆有意匠，大有助長人氣。故是日即賣會與本展示會，□□□□□之盛況云。〔註52〕

〔註51〕〈五月十三日城隍繞境路關決定〉，《臺灣日日新報》第11209號，日刊4版，昭和六年（1931）六月二十七日。

〔註52〕〈霞海城隍繞境　各陣頭皆有新意匠　隊伍整然蜿蜒行進〉，《臺灣日日新報》第11211號，日刊4版，昭和六年（1931）六月二十九日。

　　在〈稻江城隍祭典雜觀〉這篇報導，對於參加繞境的藝閣與陣頭軒社的
表現，有簡單的評述：

　　本島年中唯一之稻江霞海城隍祭典，去二十八日午後一時過，恭
　　迎神輿繞境，總行列經過約二時間。但本年因農村疲弊關係，地
　　方民來北，□幾分減去。音樂團體之競爭，不如往年之激烈。然
　　其中亦多裝帶□小閣繞行。共樂軒聞總出人數達八百名。繡旗、
　　三角旗、風帆大旗、西洋樂隊、金獅團、神將外，有馬陣□九匹。
　　其中金旗一面，重量二□，評價一萬五千圓。並裝四季花神一隊，
　　帶騎少女二十名。以「上□花園，忽變花神」之大藝閣爲□。德
　　樂軒，三角旗、繡旗、風帆大旗、西洋樂、本島音樂、神將、麒
　　麟旗外，裝蟠桃會、九曲黃河陣、帶騎小閣二十餘臺。靈安社，
　　三角旗、繡旗、全□大風帆、西洋樂、本島樂、金旗三組、神將
　　外，裝八寶公子等十數臺燦行。北門郡音樂團，亦裝釋迦出世故
　　事、以假裝印度人數名，騎一大象。又本年市內商人，乘機宣傳
　　者，不乏其人。味噌、火柴、麥酒、蓬萊閣等亦參加在內。□臺
　　北驛驛員有志，本年亦出參加，裝飾活動車一臺□□，可□□□
　　長。□□獅團亦來北參加，聞一行人數達百數十名。所費不少。
　　是故來北之時，大受稻市各界及大橋町□舞獅團、武術聯合會員
　　聲援，受贈金牌數百面。至于詩意閣，其數大減去，不過二十數
　　閣，蜈蚣閣並無一閣。且其中多爲循例，無甚可觀。聞藝閣多爲
　　市內商人奉獻。其數減去，商況之不振，足以窺知矣。一□例年
　　之神將，最□□□之力些減。實□受不景氣影響，實其最大原因
　　也云云。〔註53〕

　　雖然在迎神繞境部分，不像往年那麼熱鬧，可是在產業展覽會，卻是吸
引相當多的顧客。光是霞海城隍祭典那一天，從早上九時，到晚上十一時，
有兩萬人擁入〔註54〕。

〔註53〕　〈稻江城隍祭典雜觀〉，《臺灣日日新報》第 11212 號，夕刊 4 版，昭和六年
　　　　　（1931）六月三十日。
〔註54〕　〈城隍祭典夜　產業展入場二萬〉，《臺灣日日新報》第 11212 號，夕刊 4 版，
　　　　　昭和六年（1931）六月三十日。

九、1932年

　　鑒於商品展覽會人氣興旺，在不景氣的年代，可以帶動購物的風氣，於是新聞報導開始注重商品的展銷問題。在昭和七年（1932）的霞海城隍大祭來臨之前，就先報導臺北商人在臺北總商會的協助下，租下太平町三丁目的一間空屋，舉辦「太平日廉賣出」。這篇報導說：

> 去年間，為不景氣挽回策，臺北總商會乘機開納涼會（即「夜市」）、商業展覽會種種。殊獲好評。然而本年，雖未聞有何等大計畫，却仍於暗中活動，唯其規模較小。查其內容，其名目為大稻埕有志者主催，臺北總商會後援，豫定於祭典前後一星期間，假市內太平町三丁目某空屋，為廉賣場，舉「太平日廉賣出」。賣店最少按五十軒。屋賃從廉，蓋欲為一般商人利用祭典之機，而得於最短期間，處分之在庫品，一面兼欲種種餘興，藉以吸以顧客。屆期縱不若往年納涼會、產業展之偉觀，然值茲不景氣之時，商人在庫品難銷之今日，自得幾分濟急無疑矣。〔註55〕

　　布商老成發號，廉價銷售花布每尺二錢。文化公司對於總消費在二十錢以上的顧客，贈送日光展覽會的觀覽券一張，以廣招徠〔註56〕。

　　在祭典和迎神繞境方面，由於前一年的冷淡，今年主事的陳天順、黃君治、高地龍、方玉墩、林再新等五人，積極聯絡各方相關團體，請大家踴躍參加，得到良好的回應。〔註57〕到了六月十一、十三日連續兩次報導已經決定參加迎神繞境活動的團體，計外地來的團體有虎尾和嘉義兩地的金獅團，臺北市內的團體有靈安社、共樂軒、德樂軒、平安樂社、臺北及稻江泉什音、集英郡新安樂社、保安社、布郊、籤郊、藥郊、阿片組合、米商團、屠戶團、大龍峒四崁仔、大橋飛舞、牛埔仔金萬、武義會等各金獅團、神龍獻瑞、金海利團、龍鳳社、國興社、慶安樂社、和華樂社、城樂社、建興社、三合社、雙鳳社、興義團、清和社、永樂社、清華閣、日新社、雙蓮社、□遊樂社、

〔註55〕〈乘城隍祭典之機　舉太平日廉賣出　商人有志主催總商會彼援〉，《臺灣日日新報》第11547號，夕刊4版，昭和七年（1932）六月二日。類似的報導又見〈乘稻江城隍祭典　開日光展覽會　舉全市聯合大賣出〉，《臺灣日日新報》第11550號，日刊8版，昭和七年（1932）六月五日。

〔註56〕〈商人聯合大賣〉，《臺灣日日新報》第11561號，日刊8版，昭和七年（1932）六月十六日。

〔註57〕〈城隍祭典　籌備先聲〉，《臺灣日日新報》第11549號，夕刊4版，昭和七年（1932）六月四日。

鐵樂社、遊華園、同麗軒、新義音、福興社、□安社、群英社、南興社、建興樂社、集弦堂、北門郡、忠武社、會樂社等。共計五十多團體。每團的人數大約二百，總共有一萬人參加迎神繞境活動。〔註58〕

　　公共汽車也決定在六月十五日至十八日之間，各條通到臺北的路線都增開臨時加班車，以利大臺北地區民眾前來大稻埕燒香、購物、走親戚吃拜拜和觀看迎神繞境的隊伍〔註59〕。大稻埕的警察局——北署全面總動員來整頓廟會期間的交通，以防發生事故。〔註60〕

　　這一年的繞境路關如下：

　　　　稻江霞海城隍祭繞境路關業已決定如次，□□□□□之□，十三
　　　　日，爲避降雨決于午前十時，燃放煙火爲號，神輿啓駕。在保安
　　　　宮前取齊，經大廟□□□下牛磨車街，入益保裕街，直行□□街，
　　　　直入舊媽祖宮口街，轉建昌街，出六館街，□大東行前，□□街，
　　　　轉舊媽祖宮後街，出太平通。經六館仔街，抵太平公學校角，灣
　　　　入媽祖宮前，而出町委員事務所，左折入長興街，新店尾街，朝
　　　　陽街，太平橫街，□茂□，至寶□□店前，入新興街六館仔口，
　　　　稻新街，出太平通，轉過石橋仔頭，新舞臺角，入下奎府町郵便
　　　　局前，圓環入建成街，轉出太平通，灣入得勝外街，經維新街天
　　　　主堂前，靜修女學校，北署，太平公學校宿舍角，直至新媽祖宮
　　　　（點心），再經獅館巷，轉入普願街後，直通怡和街頭，乃回本廟
　　　　駐駕昇座。〔註61〕

　　這一年《臺灣日日新報》的印刷品質非常差，常會有字蹟模糊，難以辨視的現象，方才有許多方框空字出現。六月十七日的印刷品質尤其模糊，有關霞海城隍繞境的報導，除了標題可以辨識之外，內容部分非常模糊。照片更是漆黑一片，無從辨識。從標題的「久雨初晴各陣齊出，不景氣中亦頗見

〔註58〕　〈城隍繞境參加團體〉，《臺灣日日新報》第11556號，夕刊4版，昭和七年
　　　　　（1932）六月十一日。〈城隍繞境參加團體續報〉，《臺灣日日新報》第11558
　　　　　號，日刊8版，昭和七年（1932）六月十三日。
〔註59〕　〈城隍廟祭で　バス臨時運轉　十五日がら十八日まで〉，《臺灣日日新報》
　　　　　第11560號，日刊4版，昭和七年（1932）六月十五日。
〔註60〕　〈城隍廟祭で　北署總動員　交通整理の爲〉，《臺灣日日新報》第11561號，
　　　　　日刊7版，昭和七年（1932）六月十六日。
〔註61〕　〈霞海城隍繞境路關〉，《臺灣日日新報》第11561號，夕刊4版，昭和七年
　　　　　（1932）六月十六日。

熱鬧」語句，我們可以猜知，這一年的繞境是在連續下雨之後的放晴日子，前來燒香和觀看繞境行列的民眾相當多。

在六月十八日的報導，對於這一年廟會期間的商務情況有簡單的描述：
〔註62〕

稻市霞海城隍大祭典已如前報，於去十六日遶境，係受不（景）氣之反映，各種商人雖極力準備，冀廣招徠，不圖其所收入，皆異常減去，試將是日耳濡目染者條之於左：

金銀紙商　本年香客極見減去，農村及地方，其數較之往年減去大半，就中□□旗，往年祭典前後，擁擠於路上者，本年則寥寥無幾。為是金銀紙商人其總賣出額，亦不逼往年之半。至於紙枷其出售數亦見減少。

吳服商　市內吳服商□□□□若較於往年同日，則差去何天壤，多者二三百圓，少者僅二三十圓。

獸肉商　市內獸肉商亦大受影響。往年祭典前為牲犧用，大見暢銷。本年若祭典前一日，永樂市場斯事者不夜零時頃，尚剩多量，不得已，每圓賤賣五斤半，然又不能賣出，乃冷藏之於翌日。至於家畜市場，是日之屠殺頭數，計有六百零五頭。較之往年減去百頭左右。

（渙漫模糊不可識）□□日之小賣事，五六百圓。本年不過百圓左右。至於小賣售之門事，益不堪言矣。

飲食業　市內飲食業者，往年在此祭典前後，每日得利多則三四十圓，少亦有二三圓。然本年所得無幾，聞若市場內之飲食商，祭典當日，皆各□□準備，以待顧客。不料至過午，尚鮮有問津者，乃收拾歸去，徒喚負負。實為十數年來所未見之現象也。

旅館業　例年祭典前，市內本島人旅館，概告客滿。本年則反是，虛室以待客者比比皆是。故其所收入減於去年，自不待言。

其他　若□行界，交通機關中之轎、人力車、自動車、鐵道、及雞鴨商、菜商等，其所收入，亦概減少。不景氣之影響於祭典及各種

〔註62〕　〈不景氣之反映　霞海城隍祭典中　稻市商人收入激減〉，《臺灣日日新報》第 11563 號，日刊 4 版，昭和七年（1932）六月十八日。

商人之收入，信可斷言也云。

從上述的報導，我們知道，1931 與 1932 兩年都是處在經濟不景氣的狀態。商鋪沒有太多的閒錢可以投入迎神賽會。從中南部和大臺北地區前來燒香的民眾也大為減少。連帶的影響就是市面不繁榮，店家的營收短少。雖然有廉賣場，卻不見進一步的報導，只知在 1931 年時，霞海城隍祭典的那一天，會場擁入兩萬人。人潮大，在道理上推論，店鋪的生意也會好。

十、1933 年

一連幾年在霞海城隍祭前後舉行商品展銷活動，收益不錯。因此，1933 年在四月份就已開始籌劃本年的活動。臺北商工協會在四月二十日，舉行大會，推舉錦記茶行老闆陳天來的兒子陳清波為會長。二十二日在勸業合用組合的樓上，舉行常務理事會。二十三日上午，在蓬萊閣的三樓，召開會員大會，八十名會員中，有四十八人出席。先由司儀陳春金宣布開會，接著由會長陳清波致辭，推舉張晴川和李逐初兩人為臨時書記。常務理事會提議舉辦夏季趕集式的夜市，當時稱之為「納涼大賣出」。會中決議，把趕集式的夜市改為「全市夏季大賣出」，為期霞海城隍祭典的前後一個月，預算為五千圓。發行抽籤券十五萬張，每券三錢，預計可得四千五百圓，不足之數用募捐方式應之。在霞海城隍祭典前後一週內，要舉辦花火（煙火）、活動寫真（放映電影）、探寶、變裝（時裝表演）、舞龍等餘興活動。同時推舉主辦夏季大賣出活動的執行委員二十人，監察委員五人，會址設在錦記茶行內。〔註63〕

在永樂町四丁目派出所前，設有一個禮門，高一丈多，有雙龍柱，五彩電燈。它的形式如圖所示：

〔註63〕〈商工協乘城隍祭　舉全市夏季大賣出〉，《臺灣日日新報》第 11871 號，夕刊 4 版，昭和八年（1933）四月二十五日。

圖 9-14

在傳統的迎神繞境活動方面，在五月的時候崇神會的主辦人員就積極展開籌備工作，應允提供詩意閣的團體計有：吳服大和洋行打算推出日本式的藝閣、鯤冥會館、茶商、米商、雜貨商等。在音樂團、軒社方面，有共樂團、靈安社、平安樂社、集英郡、清華閣、集弦堂、金海利團、興義團、歌戲團、和華樂社、保安社、龍鳳社、莘英社、稻江及臺北兩泉什音、國興社、福興社、新福興社、南興社、新南興社、雙蓮社、三合社等。〔註64〕更有基隆西皮派得意堂和福祿派的聚樂社，用電話告知崇神會的人員，各派數百名以上的龐大隊伍，前來臺北參加霞海城隍的繞境活動。西螺的振興社獅團也來報名參加。〔註65〕

繞境的路線每年都會有些變動。1932 年的繞境路線比 1931 年來得簡短一

〔註64〕〈城隍繞境　各團勇躍　各暗中籌備〉，《臺灣日日新報》第 11900 號，日刊 12 版，昭和八年（1933）五月二十四日。
〔註65〕〈全島有名西皮福祿　本年參加城隍繞境　每團至少按數百名〉，《臺灣日日新報》第 11904 號，昭和八年（1933）五月二十八日。

些，引來議論，認爲：

> 祭典委員會擅改路關，殊違背市民迎神趣旨。蓋行列趣旨有三要素。
> 第一，喚起敬神觀念；第二，市街繁榮策；第三，要交通便利。今
> 欲自永樂町三丁目轉入港町，未悉從何取義，殊難解釋。蓋港町居
> 民鮮少，路幅不過二間，如藝閣大者，不能通過，阻滯行列時間，
> 此交通之不便。且本廟在永樂町三丁目，而不直經其地，蔑視敬神
> 觀念。一面永樂町一帶乃小賣商業繁盛地，而一般觀眾亦概集中于
> 此，今不從其地，而經閑散之港町，故一般對此，嘖有煩言。近聞
> 該町（永樂町）商人連署作成路關抗議書，以林祖謙、楊文諒、顏
> 泗淋、陳水田諸氏爲代表，將對崇神會委員抗議，如仍不容輿論，
> 同町商人等，將結爲一團，抗拒捐金及所派點心云云。〔註66〕

前一年崇神會的主事者曾經更改路線事，事先密而不宣，直到繞境日的
上午方才公布，引起爭議。這一年崇神會的主事者在五月三十日下午，在永
樂町四丁目派出所樓上，召開會議，出席者有崇神會工作人員與永樂町三丁
目的代表三、四名。由於崇神會的人員藉口繞境路線計畫已經送到北署，不
能更改，沒有任何商量餘地，以致雙方爭執不下，要用投票的方法來決定，
三丁目的代表不參加投票而退席。

在派出所警官的協調下，終於決定了這一年的繞境路線，如下：

> 大稻埕霞海城隍繞境一節，其後經祭典委員，整備一切事宜，業于
> 三四兩夜，先行暗訪，五日舉行本祭典行列。繞境當日，以防降雨，
> 豫定于午前十時陸續取齊，燃放煙火爲號起程。其繞境路關列左：
> 在保安宮取齊，煙火三發啓駕，出大龍峒街，經牛磨車街、益保裕
> 街，一直線至舊媽祖宮口，轉入建昌街，出正米市場，經永樂市場
> 及南街，再轉入舊媽祖宮後，通過太平町四丁目稻江信組前，直透
> 至太平公學校角，彎入新媽祖宮前，出町委員事務所，入長興街，
> 經朝陽街，太平橫街，新興街，六館仔口，稻新街茶商公會前，出
> 太平通，過石橋仔頭，至北門外，入興仁街博愛醫院前，新舞臺角，
> 左入下奎府町郵局前，迂迴圓環入建成町，再經太平通，轉入得勝
> 街，新店尾，天主教堂前，靜修女校，北署前，太平公學校宿舍角，

〔註66〕 〈城隍繞堯路關改訂　蔑視敬神觀念　輿論囂囂連署抗議〉，《臺灣日日新報》
第 11909 號，夕刊 4 版，昭和八年（1933）六月二日。

　　直透新媽祖宮（食點心），次經獅館巷，普願街，後怡和巷，轉入長
　　樂街，永和街，然後回本廟駐駕昇座。〔註67〕

　　在霞海城隍祭典的前幾天，都是陰霾下雨的日子。到了祭典當天，天氣
放晴，旭日高升。中南部上來的香客陸續來到，市面開結熱鬧，祭典的氣氛
逐漸加濃。火車載來滿滿的香客，基隆、淡水、新莊，以及臺北市內各線公
共汽車都是班班客滿。在大稻埕，有人滿為患的態勢。警察局北署加派警力，
維持交通的順暢。大稻埕青年團設立三處救護站。

　　上午十時，各團體前往大龍峒的保安宮前集合。午後一時，準時出發，由
牛磨車街，直到永樂町四丁目，折入建昌街，出正米市場前，入永樂町三丁目，
巡繞各街。各音樂團體爭奇鬥巧，而前一日，參加廣告展的商人廣告也隨意加
入。於是「極呈空前熱鬧」。大約兩小時，繞境的行列方才完全通過。〔註68〕

圖 9-15

資料來源：漢文臺灣日日新報第 11913 號，
日刊 8 版　昭和八年（1933）六月六日

〔註67〕〈霞海城隍　繞境路關〉，《臺灣日日新報》第 11912 號，夕刊 4 版，昭和八
　　　年（1933）六月五日。
〔註68〕〈霞海城隍繞境　人山人海　擁擠不開　總行列經過約二小時〉，《臺灣日日
　　　新報》第 11913 號，日刊 8 版，昭和八年（1933）六月六日。

圖 9-16

資料來源：《漢文臺灣日日新報》第 11913 號
日刊 7 版　昭和八年（1933）六月六日

　　這一年恰逢農曆的閏五月，大稻埕商人鑒於地方景氣不佳，曾想要重新
再迎一次城隍，以振興夏季商況〔註69〕。結果是沒有實施，理由是時間匆促，
來不及準備〔註70〕。

十一、1934 年

　　軍國主義氣氛日益濃厚，一步步走向戰爭的道路。這一年臺灣總督府開
始展開防護演習，臺北市以及臺灣各地都要配合，做綜合訓練。演習的時間

〔註69〕　〈閏古曆五月十三日　重迎霞海城隍遶境　其意在謀振興夏季商況〉，《漢文
　　　　臺灣日日新報》第 11934 號，日刊 12 版，昭和八年（1933）六月二十七日。
〔註70〕　〈閏五月十三日　城隍中止重迎　磋商會席上決定〉，《漢文臺灣日日新報》
　　　　第 11938 號，日刊 8 版，昭和八年（1933）七月一日。

是六月二十四日，恰好就是霞海城隍祭典之期。於是崇神會決議，迎神日期往後延十天，至七月四日（古曆五月二十三日）。〔註71〕

　　鐵道部爲了鼓勵中南部人士前來臺北，在城隍祭典時期，七月一日至五日，臺中以南各站到萬華站，十人以上的團體票打八折至六五折不等。〔註72〕

　　在公共汽車方面，報上說，由於文山地區的茶業今年復興，茶農手頭比較寬鬆，「一般農家經濟不至如往年之梗塞，故本年進香客尤夥，同地大新自動車會社爲一般進香客及觀眾利便，于二日起之祭典前後，對各線增發乘合車。」〔註73〕新店萬華之間的火車也在七月四日當天增開三班。〔註74〕

　　前兩年由於繞境的路線改變，引發一些抗議的聲音，因此，這一年的繞境路線提前公布，以昭大信。路線如下：

　　稻江霞海城隍祭典，四日即舊曆三（按係「五」之誤）月二十三日
　　恭迎神輿遶境。是日爲防降雨，決于午前正十時起，在大龍峒保安
　　宮前陸續取齊。行列路關如左：在大龍峒保安宮前取齊，煙火三發
　　啓駕，經頂下牛磨車街，入益保裕街，杜厝街。直抵舊媽祖宮口，
　　右折入建昌街，經正米市場前，永樂市場前，直透南街，轉入舊媽
　　祖宮後，過稻江信組，直抵太平公學校角，灣入媽祖宮前，而出町
　　委員事務所，左折入長興街，經朝陽街，太平橫街，新興街六館仔
　　口，稻新街茶商公會，出太平通，過石橋仔頭北門外街，灣入興仁
　　街，經博愛醫院前，新舞臺角，入下奎府町郵便局前，圓環建成街，
　　再出太平通，灣入得勝街，得勝外街，維新街，至草店尾街，天主
　　教堂，過靜修女學校，北署，太平公學校宿舍角，再到媽祖宮前（食
　　點心），然後經獅館巷、普願街後、怡和巷、長樂街、永和街，回本
　　廟駐駕昇座大吉。〔註75〕

〔註71〕〈霞海城隍遶境　延展十日　爲特殊演習〉，《臺灣日日新報》第 12246 號，
　　　　日刊 8 版，昭和九年（1934）五月八日。

〔註72〕〈城隍祭典　臺中以車からの團體割引〉，《臺灣日日新報》第 12279 號，日
　　　　刊 7 版，昭和九年（1934）六月十日。〈城隍祭典　鐵道部減折〉，《臺灣日日
　　　　新報》第 12280 號，日刊 8 版，昭和九年（1934）六月十一日。

〔註73〕〈大新乘合車　祭典期增發〉，《臺灣日日新報》第 12302 號，夕刊 4 版，昭
　　　　和九年（1934）七月三日。

〔註74〕〈文山　汽車增發〉，《臺灣日日新報》第 12303 號，日刊 8 版，昭和九年（1934）
　　　　七月四日。

〔註75〕〈稻江城隍　遶境路關〉，《臺灣日日新報》第 12303 號，日刊 8 版，昭和九

　　就七月四日的迎神繞境活動來說，前兩天晚上，依例暗訪。繞境當天，天候酷熱，氣溫高達華氏 96.3℉，攝氏 35.7℃。各獅團、陣頭、音樂團、藝閣、神輿神將在中午十二時左右，在保安宮前集合，下午一時準時出發，直下牛磨車街入中街，折入港町，彎過正米市場，入永樂町三丁目，轉出太平町。總行列經過歷二個多小時。

　　在軒社與音樂團中，共樂軒、德樂軒、靈安社、萃英社等各裝小車閣、藝閣，或金製彩牌，銀旗等參加遊行，而金線牛乳，三村自轉車，駱駝標，溫水竈，虎標萬金油，其他各商店或裝模型，或以廣告旗參加，宛若廣告行列。報上評曰：「有本島商每利用迎神機會，宣傳參加，然須具有雅致者，方為上乘。」〔註76〕

圖 9-17

霞海城隍遶境燦行之盛及新式詩意閣

資料來源：《臺灣日日新報》第 12304 號，日刊 8 版，昭和九年（1934）七月五日。

年（1934）七月四日。
〔註76〕〈大稻埕年中行事　霞海城隍遶境誌盛　總行列經過約二時間餘〉，《臺灣日日新報》第 12304 號，日刊 8 版，昭和九年（1934）七月五日。

圖 9-18　日據時代的共樂軒

資料來源：霞海城隍廟網站

圖 9-19

資料來源：《臺灣日日新報》第 12304 號，日刊 8 版，昭和九年（1934）七月五日。

　　香客爲了表示虔誠和贖罪，一直有「帶紙枷跟在神將後面遶境」的習慣。
成爲崇神會的主要收入之一。這一年的情況特殊。報上說：「本年帶枷執帚及
神將者大減，查崇神會兌出枷數，不過五千餘個，金額千餘圓。最多者爲桃

園郡，次爲大溪、基隆、海山諸郡，一面神將，市內住民約占十分之七，他郡不過十分之二，然其數，亦逐年減去，本年不過千名左右。較之往年，減去大半，是以窺知文化進步。」〔註77〕

由於大約有十萬人湧進大稻埕，造成道路交通擁擠不堪，從中午起，所有通往大道埕，或經過大稻埕的公共汽車路線全部停駛。〔註78〕

十二、1935 年

霞海城隍廟在昭和十年（1935）重修完工，在三月十二日舉行落成典禮。會後有各種音樂演奏活動，詳見第十章。

這一年的迎神繞境活動是歷年來最特別的一次。九份是臺灣產金的地方。從清光緒十六年（1890）在修築縱貫鐵路時，工人在基隆河谷七堵段發現有沙金，引發一股淘金熱。不少淘金客爲了尋找金礦源頭順流而上，在清光緒十九年（1893）一位潮州籍的李姓農民在九份附近山區發現了小金瓜金脈露頭。過了不久又在附近發現了大金瓜露頭。「金瓜石」這個地名，即因爲大小金瓜的山型貌似南瓜，也就是閩南語所說的「金瓜」而得名。

到了1930年代，由於發現新的礦脈，以及引進新的開掘技術和設備。黃金產量逐年提高，到了1938年年產量更達到了將近七萬兩的最高峰。當時的金瓜石被譽爲是「亞洲第一貴金屬礦山」，更曾聚集了八萬人在此一圓淘金夢。〔註79〕有錢以後，就需要藉用一個場合來展現自己的富有。霞海城隍祭典的迎神繞境活動正好可以滿足這個心理需求。於是，九份的軒社義和堂組成八百人的龐大陣營，用黃金打造一面金旗，重約二十五斤，價值四、五萬日圓。金旗駝在馬背上，參加臺北大稻埕的霞海城隍祭典的迎神繞境，大肆誇耀。報上的報導是這樣寫的〔註80〕：

又，九份義和堂，一團七、八百名，屬該地高登氏主宰。茲一、二年來，因金價騰貴，該地景氣絕佳，爲答神庥，亦各自發的，決定

〔註77〕〈大稻埕年中行事　霞海城隍遶境誌盛　總行列經過約二時間餘〉，《臺灣日日新報》第 12304 號，日刊 8 版，昭和九年（1934）七月五日。

〔註78〕〈大稻埕年中行事　霞海城隍遶境誌盛　總行列經過約二時間餘〉，《臺灣日日新報》第 12304 號，日刊 8 版，昭和九年（1934）七月五日。

〔註79〕〈金瓜石簡介〉，金瓜石黃金博物館印行，2008。

〔註80〕〈九份義和堂　參加城隍遶境　特製金旗〉，《臺灣日日新報》第 12639 號，日刊 8 版，昭和十年（1935）六月十日。

來北晉香。已先豫約大世界ホテル，爲休憩所，兼欲參加于遶境。

現正由賴明忠、周英外諸氏，定購繡旗，並租馬匹、藝閣等爍行物。

且特製有純黃金旗一旒，重量約二十五斤，金額四、五萬圓，務期

不落人後。

　　在基隆、九份、宜蘭一帶，「西皮」和「福祿」兩派人馬相互爭勝。九份義和堂推出如此盛大的裝備，基隆聚樂社也不甘示弱，在遶境隊伍中，也有金旗和金傘。兩支隊伍相互爭雄。其他的舞龍、舞獅的團體，鑒於道路兩旁人山人海，必需要用高蹺，方才可以充分的展現遊行的人員。報上說：

週來高腳極其流行，本年更甚，如弄龍、弄獅、樂隊、排龍虎棚，

其他無不利用高腳，在萬人頭上跳舞，都會觀眾萬千，通衢堵塞，

不如是，則人人不得窺見，其流行非無謂也。

　　這一年的籌備工作做得相當成功，是爐主高地龍熱心勸募的成果。剛剛創立的「臺廈輸出商團」，決定聘用基隆聚樂社，一行兩三千人。大新自動車會社與他的員工一起推出新奇詩意閣一臺。〔註81〕

　　遶境的路線跟前一年的路線相同，報上還是刊出這一年的遶境路線如下：

自保安宮經大龍峒頂下牛磨車街，過橋尾，入益保裕街，杜厝街，

直抵南街，鴨仔寮新興街，彎太平通，由羅紡梅店角入同美店前，

而出大路通，轉舊建成街圓環郵便局，右折大路，至博愛醫院前，

經杏仁街，烏隘門，北門口，稻新街，六館仔，建昌街，舊媽祖宮

口及宮後錦茂茶行前，轉入得勝街，至蓬萊閣，而經維新街，新店

尾，朝陽街，轉出九間仔，直至慈聖宮前道路，直透町委員事務所

角，轉經郭廷俊氏宅前，入長興街井仔頭街，由天主教堂前右經蓬

萊公學校前，陳祖厝邊，彎過至散宿所，而出雙蓮道路，次經靜修

學校北邊，太平公學校，在慈聖宮（食點心），次由獅館巷，轉入普

願街，最後經長樂街，永和街，乃回本廟駐駕。

至於這一年的迎神遶境實況，如下列的報導所云：

本島年中唯一之大稻埕霞海城隍遶境頻如前報，照年例於去十三日

舉行，先是因前一二日來，雨水連綿，一般市民，咸懷憂慮，及至

是早，依然降雨，間有提倡延期者，幸至近午，宿雨開霽，雖道路

〔註81〕 〈霞海城隍遶境先聲　基隆聚樂社決參加　其他諸團體陸續聲明〉，《臺灣日
　　　　日新報》第12628號，日刊8版，昭和十年（1935）五月二十八日。

泥濘，然天候清涼，現出一絕好迎神日。各音樂團、詩意閣、乃漸
準備。在大龍峒（保安）宮前取齊。午後一時行列啓程，直望下牛
磨車街，直至南街。由神龍獻瑞。繼以各地獅陣十數陣，各商店廣
告行列等，然後有各音樂團，就中若九分義和堂，燦行物有木（穆）
桂英下山藝閣十數閣，九鯉化龍，踏蹻弄獅十數名，蜈蚣閣上吹洋
樂，金旗三面（附馬三四），時價四萬圓。觀音收鯉魚，飛鸞洞運絡
閣，小車閣其他，而臺廈輸出商招聘之基隆聚樂社，燦行物有金旗、
金傘各一，價格數萬圓，踏蹻弄龍十五名，八寶宮主招親，八閣仙
女下凡，仙姑採蓮各一，乾隆君遊西湖連絡閣一，平門騎馬入宮門
一。仙姑收妖，洋樂，九鯉化龍，洪錦伐西岐，踏蹻弄龍二十名，
九美奪夫九名，飛鵝洞，瑤池降王母，蓬萊醉酒一閣，並生花旗八
對，小十對。踏蹻花籠四對。又，共樂軒馬陣吹八，撲蝶小十六，
玄鶴翅庭一及洋樂其他。靈安社亦附有燦行小閣。計行列通過，歷
二時間。九分義和堂與基隆聚樂堂，各燦行物眩耀人目。觀客蝟集，
人山人海，蔚成大觀，極呈年來罕見之熱鬧云。

基隆聚樂社一行數千人，包下火車，方才可以同時抵達臺北。公費就要
幾千元，加上個人的花費，是一筆相當龐大的金額。〔註82〕

本年有關紙枷的販售起了大爭執。每年都是由崇神會與海內會來販售，
獲利豐厚。到這一年，大同促進會的人士也在神前擲告，得到神明的許可，
也製做數千個紙枷來銷售。引起崇神會人士的不滿，往訴北署。由於紙枷不
是什麼有版權的東西，人人可做。爭執一起，北署的井上署長只能道德勸說，
幾次斡旋，終歸破裂。競爭一起，所用的手段就是銷價傾售。以致這一年的
紙枷的價格滑落。由三十錢降至十錢。大同促進會人士還想要清算崇神會的
賬目，向北署提出告訴。北署展開調查。

十三、1936年

鑒於前一年的紙枷爭議，又受到警方的調查，主辦祭典的崇神會心灰意
冷。在四月十六日，發表一篇聲明，宣布不再管事，讓其他有志者來接辦。
這篇聲明把霞海城隍廟、慈聖宮和保安宮之間的關係，做了清楚的說明：

〔註82〕〈霞海城隍祭典雜觀〉，《臺灣日日新報》第12645號，日刊8版，昭和十年
（1935）六月十四日。

稻江霞海城隍、慈聖宮媽祖及大龍峒保安宮等三廟，每年祭典行
事，各向有志募集寄附金，商人不堪其繁，爲是香廈神郊金同順及
稻江諸有力者，于往年組織崇神會，將三廟每年諸祭典行事，悉歸
崇神會辦理。而會則選舉二十一名祭典委員，以三年輪流承辦，自
是頗見順調。而每屆祭典行列，或中元普施，年盛一年。間如城隍
廟，因其信仰者普遍全島，故該廟之收入亦較優。其中以紙枷之收
入爲最巨，一面支出，因三廟收支共同，有餘補不足，結局每年尚
不敷五、六百圓，悉歸值東委員負擔。而一部世人未深識內情，以
爲紙枷收入，便可支理一切。此點有煩言，如前年有釀成事端，終
至涉訟。故崇神會理事等，不勝其憤。原以本爲敬神觀念，並爲社
會奉仕，不辭勞苦，自承辦以來，物質精神兩方面均受損失，而竟
被一部世人誤解，當時已決議告退。然爲年度關係，荏冉至今。近
因媽祖祭典生列告畢，年度行事以此告一段落，遂欲乘機告退。以
公有志者承辦。爰于十六日將情登本報廣告，俾一般周知。如有希
望承辦者，于此一個月內，可向同會事務所聲明。又，崇神會諸理
事，現雖告退，而對此後承辦者，亦當不惜努力聲援之云。〔註83〕

六月十三日下午二時，崇神會在慈聖宮召開理事會，會中決議：全面廢
止帶紙枷贖罪行爲，同時也廢止八家將的塗面行列。會中選舉陳天來、張東
華、楊深、蘇穀保、莊輝玉、張清港六人爲祭典委員，陳天來爲委員長。會
後，拜訪北署的井上署長，將會議的決定事項逐一報告。井上署長頗爲諒解。
〔註84〕

本年的繞境路線有一些變動，如下〔註85〕：

保安宮口取齊，煙火三發爲號啓駕。由大龍峒街，經頂下牛磨車
街，入益保裕街。杜厝街、普願街、中北街、中街，轉入舊媽祖
宮口街，灣入建昌街陳天來氏宅前，直透港町派出所前，轉過六

〔註83〕〈稻江城隍廟祭典　崇神會本年辭退　將讓與有志者承辦〉，《臺灣日日新報》
　　　　第12949號，日刊8版，昭和十一年（1936）四月十六日。
〔註84〕〈城隍廟祭の首枷を全廢〉，《臺灣日日新報》第13009號，日刊7版；〈城隍
　　　　祭典恆例遶境　紙枷塗面決定廢止　經崇神會理事會議定〉，《臺灣日日新報》
　　　　第13009號，日刊8版，昭和十一年（1936）六月十五日。
〔註85〕〈霞海城隍繞境路關〉，《臺灣日日新報》第13025號，日刊8版，昭和十一
　　　　年（1936）七月一日。

館仔口，正米市場前，入稻新街，出大路通，灣過北畔至菊元商
行前，入新興街，經永樂市場，南街，舊媽祖宮後街，轉入稻江
信用組合前，直至太平公校角，灣入媽祖宮前內埕，然後出區長
事務所，左折入長興街，至新店尾頭，過朝陽街，出大路通，至
德記商行角，左入得勝街蓬萊閣前至圓環，灣入維新街，直透新
店仔頭，經天主教堂前而出靜修女校，過王保正宅前，經江山樓，
灣過郭廷俊氏宅，直透更生院，轉入媽祖宮，（食點心），再經獅
館巷街，普願街，保甲路，直透怡和巷街，轉入長樂街，永和街，
回本廟駐駕，昇座大吉。

　　1936 年的城隍祭典號稱吸引十五萬人參與活動 [註86]。有關今年的繞境
情形只有一則簡單的報導：

臺北霞海城隍祭典如所豫定，於一日舉行，旁午各團陸續到大龍峒
保安宮前取齊。一時頃，發炮起程，鑼鼓喧天，旌旗耀日。遲到者
在各處插入。雖豫定午前十時出發，而例年午後出發慣習仍難變革。
本年既聲明廢止八家將之塗面，及一般披枷。數日前鳴鑼示眾，而
生活改善會、大同促進會天從而查察，舊習革除，於此亦見一端。
且商人多扮裝廣告行列。此種廣告陣，行進約一小時，令人幾疑為
商工祭。是日酷暑，中南部地方觀眾減少。市營乘合車自過午則變
更路線，太平町二丁目至六丁目之間，停止諸車運轉。警官青年團
員總出整理交通及保護，消防組亦出。一時極形雜沓。三時四十分，
黑雲密布，雷聲隆隆，暑熱稍減。 [註87]

同時在夕刊的第 2 版，日文報導中，刊出一張照片，是廟前的人群，不再是
遊行的藝閣。而且看到廟宇的屋脊尖翹，完全不同於大正十年時的圓形的馬
背形制。廟前搭了大蓬子，供香客放置祭品。

〔註86〕〈參拜人無慮十五萬　大賑ひの城隍祭　大稻埕は人垣で埋まる〉，《臺灣日
　　　　日新報》第 13026 號，夕刊 4 版，昭和十一年（1936）七月二日。
〔註87〕〈霞海城隍賽會　趣向更新如商工祭　快晴酷暑　觀者稍減〉，《臺灣日日新
　　　　報》第 13026 號，日刊 8 版，昭和十一年（1936）七月二日。

圖 9-20

　　先前的報導，重點是放在迎神繞境。很少提及霞海城隍的正式祭典。這
一年卻報導了祭祀典禮如何進行，更用一個嚴肅的標題：「稻江城隍嚴舉式
典」。報導的內容如下：

> 稻江霞海城隍廟祭典行列有如前報，業于去一日舉行。而二日午後
> 二時，由祭典委員長以外諸委員、及崇神會關係者，及來賓于同庭，
> 嚴肅舉行獻納式典，一同既就席，僧侶誦經，祭典委員長陳天來氏
> 朗讀奉告文，次祭典委員總化參拜，來賓及一般參拜。二時二十分
> 閉式。鈴木臺北州教育課長、中村同社寺係長及李係員亦臨場參拜。
> 又，是夜七時，于蓬萊閣，爲祭典從事者開慰勞會。

從形式來看，這個典禮已經混合了日本官方神社的祭典，先請佛教臨濟寺的
僧人來唸經，接著是祭典委員會的委員長朗讀祭文，再來就是祭典委員與一
般信眾的參拜。報導沒有說是用什麼方式來參拜。推測就是當時人們已經習
慣了的日式參拜方式。

十四、1937～1942 年

1937 年，沒有任何有關霞海城隍祭典的報導。是年，日本在中國大陸上發動了「七七事變」，全面進攻中國。在臺灣更是屬行「皇民化運動」。不准臺灣人民祭祀代表中華文化的神明和祖先。

昭和十三年（1938）五月十四日，有一則消息，報導霞海城隍廟的祭典。是用日文寫的，大意是說：

> 大稻埕霞海城隍的祭典，其繞境行列和各種餘興節目，從本年起廢止。金同順崇神會的會員，在十三日午前九時許，到臺灣神社行禮。參拜完畢之後，回到太平町的慈聖宮。在那裡，伊東北署長和崇神會祭典委員長莊輝玉，以及其他官民，參拜五穀先帝、保生大帝、媽祖、法主聖君、城隍爺等五位神明。先由圓山護國寺的僧侶誦經，繼由莊委員長誦讀祭文，北署長與其他人員上香。十時半左右散會。
> 〔註88〕

這一則報導透露三件事：第一，完全廢止中國的農曆，改用陽曆。於是農曆的五月十三日，變成陽曆的五月十三日。第二，「臺灣神社」的位階高於任何本地的寺廟。因此，在舉行典禮之前，主事者先要參拜臺灣神社。第三，統一祭典，把大稻埕境內五個主要寺廟所供奉的神明集中在一起，一次拜完。不准個別舉行祭典。第三點卻在光復以後，常常假藉「端正民俗」而幽靈還魂。

到了昭和十七年（1942）的六月十七日，農曆的五月十三日，臺灣總督府下令「稻江城隍廟祭典廢止，來自全島的參拜者請等待」。這一天的報紙印得非常模糊。這則報導是在第三版的右下角，只有標題可以辨識，內文模糊不清。如圖所示〔註89〕：

〔註88〕　〈霞海城隍の祭典〉，《臺灣日日新報》第 13702 號，日刊 7 版，昭和十三年（1938）五月十四日。

〔註89〕　〈稻江城隍廟祭典廢止　全島からの參拜者につた〉，《臺灣日日新報》第 15187 號，日刊 3 版，昭和十七年（1942）六月十七日。

圖 9-21

　　風光幾十年，為全臺灣之冠的霞海城隍祭典與迎神繞境，由於外在的政治因素，被迫中止，直到日本戰敗，臺灣光復，方才恢復。

第十章　文化解析

　　當我們逐年翻看日據時代有關霞海城隍廟歷年迎神繞境的報導，可以發現，這個迎神繞境的活動隨著外在的局勢一直在改變。在日據之初，霞海城隍廟的祭典只是大稻埕一個小地方的熱鬧。前來進香的人也只來自士林、板橋一帶，最多沿著火車路線到基隆。隨著鐵路西部幹線的通車，慢慢的改變了本地人的交通習慣。從 1915 年之後，乘火車到各地進香成為一時的風氣，再加上臺灣總督府舉辦「博覽會」「共進會」等大型的活動，吸引全島各地的人前來參觀。這方面已有彭佳惠等人的研究〔註1〕，成果豐碩，不多贅述。我們在此，就只講與霞海城隍祭典直接相關的幾件事，來剖析這五十年的迎神賽會活動所展現出來的文化意涵。

第一節　日方人員的參與

　　霞海城隍的祭典原本只是大稻埕各商郊的活動，日本警察只是前來維持

〔註1〕　專書兩本，計：彭佳惠，〈1935 年臺灣博覽會之研究〉，桃園縣：國立中央大學歷史研究所，2001 年碩士論文，後來由遠流出版事業股份有限公司出版，改名為《臺灣史上第一大博覽會：1935 年魅力臺灣 SHOW》，2004 年。山路勝彥，《近代日本と植民地博覽會（近代日本殖民地博覽會）》，2008 年。學位論文四本：蘇文清，〈始政四十年臺灣博覽會宣傳計畫與設計之研究〉，臺北市：國立臺灣科技大學工程技術研究所，1997 年碩士論文。張世朋，〈日治時期始政四十年臺灣博覽會之研究〉，臺南市：國立成功大學建築學系，2004 年碩士論文。彭慧媛，〈日治前期「殖民臺灣」的再現與擴張──以「臺灣勸業共進會」（1916）為中心之研究〉，臺南市：國立成功大學歷史學系，2005 年碩士論文。馮瓊瑩，〈展示「統治時間」：日據時代「始政週年記念博覽會」的治理技術〉，新竹市：清華大學，社會學研究所，2005 年碩士論文。

秩序和公共衛生。日本人很少參與，日本官員更是不會接觸。過了二十年，方才改變這種井水不犯河水的局面。從報紙的記錄上來看，最先是高官來觀賞充滿廣告意味的藝閣遊行，到後來，日本官員和廟會的主事者一起主祭霞海城隍。這種轉變是相當巨大的。

　　從《臺灣日日新報》歷年的報導來看，從大正十年（1921）起，日本官方人員開始參與霞海城隍廟的祭典。這一年，先有齋藤遞信局長〔註2〕在有關人員的陪同下，前往保安宮上香祈禱〔註3〕。到了霞海城隍誕辰日，又有臺灣總督府民政長官下村弘夫婦〔註4〕、新元技師〔註5〕、總督府臺北州各高官，特至南街黃裕源、高源發樓上觀覽。〔註6〕

　　大正十一年（1922）日本官方的總務長官賀來佐賀太郎〔註7〕、高田知事〔註8〕、大橋市理事官〔註9〕及官民重要者數十人，前往觀看藝閣競賽的評審作業。〔註10〕

　　大正十二年（1923）年的祭典遊行時，前來參觀的日本官員計有臺北州

〔註2〕　日據時代的遞信省，下轄鐵道部。在總督田健治郎的日記中，多次提到「齋藤遞信局長」，但不知其人爲何。推測是臺灣鐵路局的局長。

〔註3〕　〈參拜保安宮〉，《臺灣日日新報》第7556號，日刊10版，大正十年（1921）十七日。

〔註4〕　下村宏（しもむら　ひろし　1875年～1957年），宇海南，本籍日本和歌山。1915年受臺灣總督安東貞美所託，擔任臺灣總督府民政長官一職。民政長官任內，推翻多項前人苛政，在治理臺灣上頗有佳績。這一年，下村宏擔任總務長官。

〔註5〕　新元鹿之助（1870年～？），鹿兒島人，東京帝大工科畢業，時爲臺灣總督府土木科技師。

〔註6〕　〈稻江迎城隍紀盛〉，《臺灣日日新報》第7559號，日刊4版，大正十年（1921）六月二十日。

〔註7〕　賀來佐賀太郎，本籍日本大分縣，1921年7月12日至1924年9月19日擔任臺灣總督府總務長官，爲該政府的第九位總務長官。見劉寧顏編，《重修臺灣省通志》，臺灣省文獻委員會，1994年。

〔註8〕　臺北州知事爲臺灣日據時期1920年－1945年臺北州之首長。該行政區劃包括今臺北市、新北市、基隆市、宜蘭縣。文中的高田知事，就是高田富藏，任期是1921年9月17日至1924年12月23日。見劉寧顏編，《重修臺灣省通志》，臺灣省文獻委員會，1994年。

〔註9〕　全名是大橋重衛。見劉寧顏編，《重修臺灣省通志》，臺灣省文獻委員會，1994年。

〔註10〕　〈霞海城隍賽祭之盛況，賀來長官亦臨觀〉，《臺灣日日新報》第7914號，日刊6版，大正十一年（1922）六月十日。

的高田富藏知事、田阪部長〔註11〕、松田、尾間兩秘書官等。是年的爐主方玉墩更在江山樓設宴款待這些嘉賓。「席間，方氏爲主人敘禮，高田知事亦代表來賓答辭。」〔註12〕

大正十三年（1924）霞海城隍的廟會，更是熱鬧。《臺灣日日新報》在日文版用「全島十餘萬信徒殺到大稻埕」這樣聳動的標題來描述這一年的活動。在報導的末尾更提到：「在十四日午後三點，內田總督夫人微服私訪。其他還有高田臺北州知事及他的新夫人、武藤市尹〔註13〕、渡邊參謀長〔註14〕的千金，感情和睦地同地方仕紳在日新町 2 之 164 番地郭廷俊先生府上觀賞祭典的遊行〔註15〕。遊行結束後，在郭宅由林熊徵設宴招待總督夫人及其他貴賓〔註16〕。

在此之前，臺北的迎神、祭典都是臺灣人自己的活動，日本人，尤其是日本的官方，很少會來參與。可是，由於迎神繞境的隊伍採取商業廣告之後，變得非常華麗可觀，連續幾年讓日本高官前來觀賞，從最早的齋藤遞信局長、民政長官下村弘、到內田總督的夫人偕同臺北州高田知事及夫人等人一起前來觀賞精彩的花車遊行。這種現象上行下效的結果，是讓原本不相往來的臺日人士，可以有共同的觀賞對象，一起娛樂。

在官府方面，先是來觀看迎神遊行的藝閣，接受宴飲招待，繼而主管社寺業務的官員也來參加正式的祭典，拈香致祭。1925 年的廟會時，吉岡州知事〔註17〕偕同日前來臺之關代議士、川端內務部長、一戶總督秘書官等人，

〔註11〕 工商課長田阪千助。見劉寧顏編，《重修臺灣省通志》，臺灣省文獻委員會，1994 年。

〔註12〕〈城隍祭典盛況〉，《臺灣日日新報》第 8297 號，日刊 6 版，大正十二年（1923）六月二十八日。

〔註13〕 武藤針五郎，本籍日本愛知縣。武藤針五郎於 1920 年受臺灣總督府派任，於臺灣臺北地區擔任臺北市尹一職。該官職約等於今臺北市市長，他也是首屆臺北市尹。見劉寧顏編，《重修臺灣省通志》，臺灣省文獻委員會，1994 年。

〔註14〕 渡邊金造，爲第三任臺灣軍參謀長，是臺灣軍事之中重要的一職，於臺灣日據時期替臺灣軍協助軍事發展。他的任期爲 1924 年 2 月—1927 年 7 月。見劉寧顏編，《重修臺灣省通志》，臺灣省文獻委員會，1994 年。

〔註15〕〈全島十餘萬信徒殺到大稻埕〉，《臺灣日日新報》第 8650 號，夕刊 2 版，大正十三年（1924）六月十五日。

〔註16〕〈霞海城隍之祭典〉，《臺灣日日新報》第 8650 號，日刊 4 版，大正十三年（1924）六月十五日。

〔註17〕 吉岡荒造，東京帝國大學畢業，本籍日本茨城縣。於 1921 年 10 月 8 日至 1923 年 12 月 8 日任臺南州知事。1924 年 12 月 23 日以專賣局長身分接替高田富藏，

開汽車，到日新街郭廷俊家觀賞遊行行列。〔註18〕

　　據《臺灣日日新報》上的披露，在昭和十一年（1936），霞海城隍的正式
祭典中，日本官員臨場參拜致祭。這則報導是這樣寫的：

> 稻江霞海城隍廟祭典行列有如所報，業于去一日舉行。而二日午後
> 二時，由祭典委員長以外諸委員，及崇神會關係者，及來賓于同廟
> 庭，嚴肅舉行獻納式典。一同既就席，僧侶誦經。祭典委員長陳天
> 來氏朗讀奉告文。次祭典委員總代參拜。來賓及一般參拜。二時二
> 十分閉式。鈴木臺北州教育課長〔註19〕、中村同社寺係長及李係
> 員，亦臨場參拜。又，是夜七時于蓬萊閣，爲祭典從事者開慰勞會。
> 〔註20〕

　　在日本商人方面，本著商人對於商機的敏感度，早就積極參與。在 1920
年一舉奪魁的「高砂麥酒株式會社」，就是由日本人投資設立的。由於在參賽
中得名，也就讓該廠生產的啤酒有了名氣，打開銷路。

　　從此以後，日本人的商社也逐漸參加霞海城隍祭典的廣告宣傳活動。
1923 年的特等獎得主就是一家日本人的商店「金蟬香水製造元篠原東店」
和一家臺灣人商店「販賣部楊裕發號」聯合製作，得獎的作品是「綠桑深處
隱金蟬」。

　　大正十五年（1926）提供藝閣遊行的商店有五十多家，只有「和洋什貨
團」一團有日本人的蹤影。〔註21〕

　　在昭和四年（1929）參加祭典的日本商社有大畸公司、日進商會、盛進
商行、星加商行、菊元商行、菊元榮、富永商店、鈴木商行、滕正商行、黑
川商行、江原洋行、臺北自動車會社等十二家，各出一閣。臺灣人參加者爲
米郊金萬順、茶郊臺北茶商公會、布郊金長利、簸商金福利、藥郊臺北藥業組
合、屠戶金萬成、阿片組合、林嵩壽氏、陳茂通氏、乾元藥行、添籌藥行、

　　　　爲臺北州知事。至 1927 年 7 月 27 日去職。

〔註18〕　〈吉岡知事觀覽行列〉，《臺灣日日新報》第 9034 號，日刊 4 版，大正十四年
　　　　（1925）七月四日。

〔註19〕　全名是鈴木秀夫。

〔註20〕　〈稻江城隍嚴舉式典〉，《臺灣日日新報》第 12029 號，夕刊 4 版，昭和十一
　　　　年（1936）七月四日。

〔註21〕　〈城隍祭典承諾藝閣者已達五十餘臺〉，《臺灣日日新報》第 9382 號，日刊 4
　　　　版，大正十五年（1926）六月十七日。

神農藥行、新集益、楊裕發、金泰亨、吳順益、謝義德等十七單位，各出一閣。黃源裕、永和行、永成泰、怡泰行、新春成、新復勝、張協元、東西藥房等單位合起來，出一藝閣〔註22〕。

兩相比較，日本商社的數量已占總體數量的五分之二。顯示由於參加霞海城隍廟的廟會活動，有利可圖，日本商社基於商業利益的考量，積極投入這種活動之中。平日我們喜歡講：在中國歷史上，外國人容易接受「漢化」。究竟如何漢化？在什麼樣的情形下開始漢化？我們並不清楚。這一節所說的歷史事實，正如提供我們一個「漢化」的例子，日本人和日本商社逐漸參與到本地漢人的迎神活動，也影響到典禮儀式的展現，開始滲入日本的風格。可惜日人據臺在十六年後結束，我們也就不容易看出後來的發展。

第二節　爐主的選定與爭議

真正把霞海城隍廟會帶上熱鬧頂峰者是每年的當值爐主和頭家。他們是商號的負責人，在當值期間，在「爭勝心」的驅策下，出錢出力，盡心盡力把這一年的廟會辦好。他們都是俗人，不是神職人員，可是所做的貢獻比專業的神職人員強上百倍。

清咸豐三年（1853）因艋舺的漳泉械鬥中戰敗，奉霞海城隍神像遷居大稻埕的同安人，組成「海內會」，世代奉祀霞海城隍。廟的管理人，也就是廟祝，一直是由最初攜帶神像來此建廟的陳金絨及其子孫擔任，在而祭祀和迎神賽會活動自清代建廟以來都由廈郊負責，由當年的爐主來主導其事。廈郊（香廈郊）金同順爐主的產生是在神前擲筊，以得最多聖筊者為爐主，次多者為頭家。

霞海城隍廟的廟會活動能夠吸引幾萬人、乃至十幾萬人前來參與，帶動地方的商業消費，就是因為主持這個廟會活動者是商人。相傳當值年（俗稱「值多」，訛作「值東」）的爐主會有一年的好運。在實際上，這一年中，地方上有什麼事，大都由這位爐主負責協調解決，可說是孚孚眾望的社會領袖。

翻查《臺灣日日新報》的報導，可以查到的日據時代霞海城隍廟各年的爐主名單如下：

〔註22〕〈稻江城隍祭典參加行列人氣甚好〉，《臺灣日日新報》第 10467 號，日刊 4 版，昭和四年（1929）六月九日。

表 10-1　1900～1938 年霞海城隍廟各年的爐主名單

年 份	爐 主 姓 名	資料來源：《臺灣日日新報》
1900	廈郊爐主	〈依例繞境〉，1900 年 5 月 20 日，日刊 6 版。
1905	廈郊爐主	〈本島第一之城隍祭典〉，1905 年 6 月 15 日，日刊 4 版。
1911	魚行金泉興	〈城隍祭典一般〉，1911 年 6 月 10 日，日刊 3 版。
1912	南街乾元號	〈恭迎城隍〉，1912 年 6 月 26 日，日刊 6 版。
1913	捷豐號	〈將迎城隍〉，1913 年 6 月 15 日，日刊 5 版。
1914	中街捷茂藥材行	〈迎城隍期近〉，1914 年 5 月 29 日，日刊 6 版。
1916	爐主：普願街元亨號陳江流 頭家：中行捷茂號楊文儒，南街乾元號張清河，同街新義勝孫吉祥，裕源號黃君治	〈城隍廟之普施〉，1916 年 8 月 28 日，日刊 4 版。
1917	李義合號	〈稻江準備迎城隍〉，1917 年 6 月 28 日，日刊 6 版。
1918	陳采臣	〈城隍爺爐主決定〉，1918 年 5 月 5 日，日刊 6 版。
1921	爐主：陳瑞禮 頭家：陳茂通、莊輝玉、李友寬、郭金鼎。	〈擲筶選爐主頭家〉，1921 年 5 月 10 日，日刊 6 版。
1923	方玉墩	〈城隍祭典準備〉，1923 年 6 月 22 日，日刊 6 版。
1924	莊義芳行莊輝玉	〈城隍祭典先聲〉，1924 年 6 月 4 日，日刊 4 版。
1925	林合成號	〈城隍祭典磋商〉，1925 年 6 月 8 日，日刊 4 版。
1926	義恆發號劉毛	〈城隍祭典先聲〉，1926 年 6 月 10 日，夕刊 4 版
1927	裕源號黃君治	〈爐主等會議結果〉，1927 年 6 月 12 日，日刊 4 版。

1928	葉金塗	〈霞海城隍繞境先聲　爐主極力鼓舞〉，1928 年 6 月 12 日，日刊 4 版。
1929	爐主：高源發號高地龍 頭家：芳興、許文記、李保生、金瑞山。	〈霞海城隍祭典磋商會　協議行列種種〉，1929 年 5 月 26 日，日刊 4 版。 〈稻江城隍遶境預聞　各團暗中準備〉，1929 年 6 月 4 日，夕刊 4 版。
1930	金同順崇神會 會長林清敦	〈稻江城隍祭典籌備　已著手進行〉，1930 年 6 月 1 日，夕刊 4 版。
1931	金同順崇神會	〈城隍爺遶境　南部獅陣特來爍行〉，1931 年 6 月 17 日，日刊 8 版。
1932	（金同順）崇神會值東幹事陳天順、黃君治、高地龍、方玉墩、林再新	〈稻江城隍祭典〉，1932 年 6 月 4 日，夕刊 4 版。
1933	（金同順）崇神會值東幹事	〈城隍遶境　各團勇躍　各暗中籌備〉，1933 年 5 月 24 日，日刊 12 版。
1934	（金同順）崇神會值東幹事	〈霞海城隍遶境　展延十日　爲特殊演習〉，1934 年 5 月 8 日，日刊 8 版。
1935	林清敦（總董事） 理事高地龍、楊深、鄭根木、李通吉、劉耄、陳采臣、林□生。	〈稻江霞海城隍廟重修落成舉式〉，1935 年 3 月 13 日，夕刊 5 版。 〈霞海城隍遶境先聲　基隆聚樂社決參加　其他諸團體陸續聲明〉，1935 年 5 月 28 日，日刊 8 版。
1936	陳天來爲祭典委員會委員長，張東華、楊深、蘇轂保、莊輝玉、張清港爲祭典委員	〈城隍祭典恆例遶境　紙枷塗面決定廢止　經崇神會理事會議定〉，1936 年 6 月 15 日，日刊 7 版。
1938	莊輝玉爲崇神會祭典委員會委員長	〈霞海城隍の祭典〉，1938 年 5 月 14 日，日刊 7 版

　　每年霞海城隍誕辰時，各地信眾蜂湧前來燒香祈福，添油香的捐款和販售紙枷的收入頗豐。由於賬目不公開，以致流言蜚語四起。1917～1918 年李義合號的主人李清誥爲爐主時，就設法整理相關的賬目，公布之，以昭大信。他的整頓行動等於是在懷疑廟祝，也就是海內派的管理人陳宗斌有「公款私用」之嫌疑。於是雙方起了衝突。李清誥認爲陳宗斌賬目不清，而陳宗斌宣稱李清誥沒有盡力辦事。因此各自推舉下一年的新爐主。大正七年（1918）四月五日陳宗斌把這種衝突委婉的透露在報章上，向社會大眾喊冤：

　　　稻江霞海城隍廟數十年來香火極盛，而舊五月十三之進香，及舊七

月二十八日之中元普濟，每年值東辦理之故，惹起全街人民之訾議。
然總爲該廟向來並無設定規章，以至有利可圖者爭出辦理，無利可
圖者彼此推托，無人肯爲承辦。茲該廟之管理人訂於四月七日，即
舊二月二十六日下午二時，假慈聖宮（新媽祖宮）開會議，徵稻江
紳商意見，並妥議章程，以泯永久爭議，亦一適宜之處置也。

這則喊冤沒有把眞正的原因說清楚。四月二十一日的報導就明白的指
出，爭議的起因是「廟祝有中飽私囊的嫌疑」。這則報導是這樣寫的：

稻江霞海城隍例年於舊曆五月十三日舉行祭典，因信徒夥多，紙枷
及捐款等收入，爲數不尠。故除應費之外，餘款頗多，而皆爲辦理
者所中飽。客歲舉李義合爲爐主，乃與紳商等協力整理，議定條規，
將紙枷鉢捐款等收入，除開費外，所餘數百元，概存銀行，留爲公
款，待襄義舉，且爲以後承辦者作模範。現祭典舉行伊邇，聞欲定
本月十五日，欲邀眾集會，憑籌選出爐主，以辦本年祭典云。〔註23〕

廟方管理人陳宗斌當然不能忍受這種指控，於是召集支持他的鋪戶、有
名望的人以及跟他有關係的人，於四月二十一日在新媽祖宮舉行會議。會後
在《臺灣日日新報》上刊登了一份陳宗斌一派的決議文：

本議爲舊曆五月十三日迎香，及七月廿八日中元普濟，暨保安宮三
保值年普施事件。

一、抽出五月十三日迎香所長利，補貼七月廿八日中元所關頭家四
人，每名貼與八拾圓。爐主壹名，貼與四拾圓也。

二、五月十三日迎香，暨七月廿八日中元普濟之爐主，歸壹人兼
辦，頭家四人佐之。

三、凡未值三保之五月十三日，暨七月廿八日爐主，除開費外，所
剩金額，貼三保值年總爐，補辦普濟事宜。

四、五月十三日迎香所長利，除七月廿八日中元開費外，所剩金
額，於未交付三保值年總爐之前，由指名投票，公舉參人掌
理貯蓄銀行之事。但各分職任，不得自專，而管理人亦當聯
名捺印。

五、五月十三日迎香，竝七月廿八日中元爐主頭家，定三月十五日

〔註23〕〈城隍祭典選爐主〉，臺灣日日新報第6403號，日刊4版，大正七年（1918）
四月二十二日。

　　　　午後二時，於大稻埕媽祖宮由出席者，封神前憑筶決定。

六、將例年五月十三日長利，開值年保安宮三保普施費，扣除以外，
　　所剩全積立，爲城隍廟修繕預備費等用。

七、五月十三日迎香所長利，與香厦郊戲園開費，暨收入支出，連
　　絡在內。

八、歷年來城隍爺爐主過爐之爐，係聖母爐，於本廟殊不合式，當
　　加霞海城隍廟名目，以肅神儀。

　右之現約八條，出席者全員，於會議上決定捺印立據。

　　大正七年三月霞海城隍廟祭典及迎香所關事件贊成者。

　　總員一百二十三名。

　　大正七年四月在大稻埕媽祖宮會議場。

　　會員出席六十一名。

　　　委任者五十名

　　　計一百拾十名。

　　　欠席者十二名。

　　　大正七年四月二十一日

　　這次會議當場沒有決定爐主是誰，訂舊曆三月十五日（四月二十五日）
在新媽祖宮擲筶來決定新的爐主。〔註24〕

　　到了舊曆三月十五日，陳宗斌鳴鑼通知整個大稻埕市區，出席會議的人
將近百名。由於還有一些條件沒有配合，決議再延期至四月三十日（舊曆三
月二十日）。

　　四月三十日下午二時，陳宗斌再鳴鑼通知整個稻江市區各店家及有名望
之士，前來參加會議，並且恭迎霞海城隍神像到新媽祖宮，監察擲筶選新爐
主之事。

　　霞海城隍廟的管理人陳宗賦表示，他所以會這麼做，是因爲沒有人肯出
來承擔相關的祭典事宜。他說：

　　　此次提倡開城隍祭典會議，其主旨爲舊曆五月十三日爐主有人承
　　　擔，可是七月二十八日（中元普度）的爐主與頭家無人肯爲承擔耳。
　　　故與大稻埕全市紳商及關係者一切商量，欲開會議于媽祖宮。未屆

〔註24〕　〈城隍祭典爐主未定〉，《臺灣日日新報》第6409號，日刊6版，大正七年（1918）
　　　　四月二十七日。

期則自於新聞廣告，既屆期又鳴鑼數次，總爲大稻埕全市紳商各界極多，難以一一當面商酌，是以出此二舉。此最願望大稻埕紳商各界曲爲原諒，以予此提倡會議，非似掩耳盜鈴者。

以會議場論，此事關於城隍廟祭典，應以城隍廟爲會場，奈以城隍廟極狹，難以收容多數之人，故假媽祖宮充之。以媽祖宮爲公所，明其事出於公也。至於會議條件，予全不敢先定，強人捺印。蓋恐有識者紕議爲專橫。必待於媽祖宮議場，當派出所長代理及各特務、各界之前逐條討論，然後決定之。于翌日遍請出席諸位捺印。乃以此問題須大稻埕紳商各界公決。非予一人所能私定者。各界諸位公平明理，諒不以予爲舉措不當。

又，予既有廣告，又有鳴鑼，其不出席諸位，諒亦不以予爲全無通知見罪。此尤最望諸君原恕者。予此次提議，全無爲黨派起見，試思予提議之前，有人先予提議者乎？無人提議。則知予非爲黨派之爭也。

又，試思五月十三日爐主，歷來爲大稻埕各界公同選決乎？七月二十八日爐主頭家，有曾憑筶取決，而本人不肯承受者乎？予之出斯舉，全無一毫爲海內人之利益，乃大稻埕全般之利益。故余於會議場，全無一句提及海內二字。大稻埕紳商各界諸位洞明事理，諒必能細思而審處之。神本至公，我等何得涉私，願諒察焉。〔註25〕

　　在四月三十日，依照原訂計劃，在新媽祖宮召開會議，憑筶選出新的霞海城隍祭典的爐主。開會時，臺北廳宗教係的係長及派出所所長代理等日本官員到場，表示日本官方承認這一次的選舉。有資格參與擲筶者在焚香祝禱之後，依序擲筶。陳采臣〔註26〕連續得五個一陰一陽的聖筶，爲最多數者，因而爲下一年的新爐主。沈豬、蔡受三、陳廷模〔註27〕、陳天送各得四筶，是爲補助員。另外由在場的人員投票選出代表三人，分別掌管金錢、簿賬和印章。投票結果，陳天來〔註28〕得三十一票，爲最多票者。沈豬次之，三十

〔註25〕 〈城隍廟祭典所關〉，《臺灣日日新報》第6411號，日刊4版，大正七年（1918）四月二十九日。

〔註26〕 陳采臣是地利碳礦販賣部的礦主。

〔註27〕 陳廷模爲砂糖、米穀商，店號「乾利行」。

〔註28〕 陳天來，福建南安人，於光緒末年隨父來臺灣營生，卜居大稻埕。於1891年開設錦記茶行，推展包種茶於南洋各地，1914年獲選爲臺灣茶商公會理事長，

票。鄭萬益〔註29〕二十七票，再次之。三人當選為代表。當場公議，在舊曆三月二十二日（五月一日）準備鼓樂，把城隍寶爐送到陳采臣家。宗教係長致辭之後，散會〔註30〕。

可是原來廈郊金同順的爐主李義合號不服從這個決定。在四月二十五日午後，在李宅內，召集支持者，選出中北街的張東隆號〔註31〕為新的爐主，黃裕源號〔註32〕掌管保管貯金簿，李義合號保管貯金簿的印章，蘇義吉號〔註33〕負責紙枷的販售。會中也決議公布前一年的收支情形。〔註34〕可是消息指出，張東隆號見情勢混亂，不願接任〔註35〕。

於是出現爐主鬧雙胞的情形。這時候，公權力就會介入調停。臺北州廳指派大稻埕派出所警官出為調停。在五月八日午後二時，警官傳集稻江各界重要人士一百多人，在區役場（現在稱「區公所」）開會協商。日本官方的解決辦法是把兩派人士合起來，重新投票，選出新的爐主。由在場與會者，任意書寫七人姓名，計票結果，以得票前二十名為入選。再從這二十名候選人中，用抽籤的辦法，抽出七人。由這七人公推一人為委員長，也就是爐主，主辦兩次祭典活動。其他六人為輔助，幫辦事務。又議定，祭典的一切收入支付年中歷次祭典的開銷之外，結餘款項，寄存在銀行中，以補助中元普度和保安宮中元三堡輪值的經費。

警方的辦法否定兩造所選出的爐主，另用一個新的辦法來選出主事的爐主。這七名當選者是陳采臣、陳天來、高地龍、李萬福、鄒澄波、蘇義吉、

1932 年興建永樂座，1928 年與辜顯榮等人創立「臺北商業會」，是臺灣人最大的商業團體。見臺灣大百科全書，〈陳天來〉條，http://taiwanpedia.culture.tw/expert/
〔註29〕鄭萬益為砂糖、米穀、麵粉商，店號「順成行」。
〔註30〕〈城隍祭典爐主〉，《臺灣日日新報》第 6414 號，日刊 6 版，大正七年（1918）五月二日。
〔註31〕張東隆商行早期主要由張家兄弟——張東紅、張東華、張東青所建立，張家經商始自八里坌十三行，負責經理淡水八里地區油業，終而入大稻埕，成立分布於淡水、基隆、新竹等地的支店，為日據時代極具知名度的商行。見臺灣大百科全書，〈張東隆商行記〉。http://taiwanpedia.culture.tw/expert/
〔註32〕黃裕源是黃君治開設的綢緞布匹商行。
〔註33〕蘇義吉為蘇澄源開設之茶行。
〔註34〕〈城隍祭典之爐主〉，《臺灣日日新報》第 6409 號，日刊 6 版，大正七年（1918）四月二十七日。
〔註35〕〈金同順爐主推選〉，《臺灣日日新報》第 6409 號，日刊 6 版，大正七年（1918）四月二十七日。

陳天送。由陳采臣爲委員長。大家都沒有異議〔註36〕。

報上分析這七人的立場：陳采臣、陳天來、陳天送三人，原本就是陳派擲筶選出者。蘇義吉是李派選出監督紙枷業務者，鄒澄波是李派選出的新頭家。「七名占得五名，殆神之默爲指使者歟？不然，何湊巧乃爾。」〔註37〕報導中不禁作如此的讚嘆。

報導的末尾，也對新的委員提出建議和期許：

> 本屆祭典委員既由紳商公選，以其人有信神之心，對於祭典事務措置能無遺憾，且能鼓舞各界團體盛大舉行者，委員等當有一大計劃，使本年之祭典，較例年熱鬧可知。顧例年之藝閣其他餘興平淡無奇。聞臺南之迎鎮南媽祖繞境，内地人（日本人）本島人（臺灣人）各商家之參加行列，皆以其商業關係貨物，粧點旗幟棚閣其他，推陳出新，饒有廣告的意味。既可助迎神熱鬧，又可擴張自家販路，一舉兩得，不致浪費金錢。臺北爲商業薈萃之區，若能仿臺南之例而行之，其盛況不知當如何也？企予望之。〔註38〕

在日據末期，又發生一次有關爐主的爭議。

昭和十年（1935），霞海城隍廟重修完成，在三月十二日舉行落成儀式。〔註39〕由爐主林清敦致開幕詞，接著請臨濟寺的僧侶唸經，所有的董事一起拈香，讀祭文，報告工程概況，宣告落成。來賓臺灣銀行古賀總經理與謝龍闊兩位致詞之後，林清敦致閉幕詞。歷時七十分鐘。開會期間播放古倫美亞唱片（後來稱哥倫比亞唱片）的音樂。出席者有一百多人，相當熱鬧。並在廟前搭起臨時舞臺，十三日晚上六時，有賀倫音樂演奏會。十四日晚上六時起，有美音音樂演奏會，由助吉平太郎擔任指揮，演出的曲目計有：1. 臺北進行曲、2. ゴールデンケート、3. 安南王行列、4. 金鵄勳章、5. 美國少年、6. 聯盟ヨサラバ，以及臨時加演的安可曲〔註40〕。十五日起在舊海關前廣場，

〔註36〕〈城隍爺爐主決定〉，《臺灣日日新報》第6417號，日刊6版，大正七年（1918）五月五日。

〔註37〕〈城隍爺爐主決定〉，《臺灣日日新報》第6422號，日刊6版，大正七年（1918）五月十日。

〔註38〕〈城隍爺爐主決定〉，《臺灣日日新報》第6422號，日刊6版，大正七年（1918）五月十日。

〔註39〕〈稻江霞海城隍廟重修落成舉式〉，《臺灣日日新報》第12553號，夕刊3版，昭和十年（1935）三月十三日。

〔註40〕〈城隍廟落成餘興音樂〉，《臺灣日日新報》第12555號，夕刊4版，昭和十

連續數日演出本地的歌仔戲。〔註41〕

　　在這種風光的背後，原先建廟的海內會、主辦祭祀的崇神會與參加遶境的靈安社之間，為了發請帖的名義和匾額位置問題，發生齟齬。報導如是說：

　　臺北市稻江霞海城隍廟重修落成後，為同廟正殿匾額總董事名義問題，金同順崇神會與海內會間，頓起齟齬。蓋該廟創建于金同順，迄今七十餘年。歷年既久，梁棟腐蝕不堪，屢議重修，未見實現。迨昨年來，由海內會（自昔組織之神會）提倡重修，以同廟總董事林清敦氏名義，向臺北州下一帶募集淨財。自客秋重修，去十二日舉行重修落成式。其時，以總董事林清敦、董事陳乃椿兩氏名義，柬邀各界人士。為是大稻埕崇神會理事二十名，以為林清敦氏擅自稱「總董事」，竟無視崇神會面目，大起不平。且最近復因音樂團靈安社，從前于廟正殿所豎匾額被移於他處，而將自家匾額豎於入口正殿。故靈安社幹部異常憤慨，曾對林氏詰問事由。聞其後有託某有力者，出為魯連。一面崇神會諸理事亦以林氏乃鷺洲庄人。于本廟全無關係者，雖出於敬神觀念，而不免越權。去十七日乃開理事會，議決先訪井上北署長，聽取意見，然後再議云。

　　這件事的解決之道，就是改選理事。於六月六日下午三時，在城隍廟開會，先公布財務以支情形。把大稻埕分成五區，各區選出兩名理事。再由所選出的十名理事推舉新的理事長。這次選出錦記茶行的陳天來為理事長，也就是以前的值年爐主。同時也肯定原來的理事長林清敦六年任期中的成就。這則報導如下：

　　既報臺北霞海城隍廟派下海內會，去六日午後三時在城隍廟，依年例致祭，延圓山臨濟宗僧侶誦經。會展林清敦氏上香讀祭文，來賓李種玉氏其他拈香，會員拈香。四時過，奏樂退席。即到蓬萊閣開第六回祭典總會。林清敦氏報告會務，專務理事陳乃漆氏報告收支決算。一年中收入，凡金紙灰，道士專營料、金牌處分、利息其他，合計七百餘圓，全部用於祭典其他費用。又，昨年中城隍廟修築經費，募集及獻納四千百六十一圓，合利息計得四千百六十六圓七十

　　　　年（1935）三月十五日。
〔註41〕〈稻江霞海城隍廟重修落成舉式〉，《臺灣日日新報》第 12553 號，夕刊 3 版，
　　　　昭和十年（1935）三月十三日。

二錢。除工費、落成費等，尚存百六圓八十一錢。四月間，充爲新竹、
臺中兩州震災救恤。次，理事三年任滿改選，一區黃金塗、黃丙琳。
二區林清敦、林溪山。三區郭食婆、郭聰明。四區陳乃漆、章存。五
區陳乃渠、鍾阿三諸氏當選。近日將互選理事長。會員三百名。該廟
自六年前林清敦氏就任會長以來，其所計畫之義勇公墓及位牌修創，
廟壁破漏修理，屋蓋棟宇重新三事業，經已實現云〔註42〕。

　　當祭典委員會內部爲了一些看起來微不足道的小事而起大爭執時，就已
經顯示，熱鬧的霞海城隍迎神繞境活動開始趨向沒落。從 1937 年起，只能在
廟裡舉行祭典，風光熱鬧的迎神繞境不再舉行。到了 1942 年，連廟中的祭祀
活動也被迫停止。直到 1946 年日本人無條件投降，臺灣光復，方才恢復風光
的迎神繞境和盛大的祭典活動。

第三節　密集的新聞報導

　　從 1920 年起，臺灣各地的大廟開始流行商業化的迎神遶境活動。霞海城
隍廟的迎神遶境活動是規模最大、參與人數最多、報章報導也最多的。從 1921
年至 1936 年，每年有關霞海城隍祭典的報導，幾乎形成一個固定的模式。在
前一個月，就開始報導如何籌備，有那些郊商或商店決定推出藝閣，參加競
賽。衛生單位有那些呼籲和規定。神誕前三、五天，就公布這一年神明遶境
的路線，讓所經之沿線兩邊的店家可以準備香案，擺上花、果、香、燭，以
迎神明。鐵路局一定在前後三天推出加班車時刻表。

　　警方也公布迎神賽會時的交通管制範圍和方式。在舊曆五月十三日當天
和第二天，一定詳細報導，且登出人山人海的熱鬧照片，有代表性的詩意閣
照片。一天的報導可以多達七、八則之多。祭典之後的三天內，就會有各種
評論和特別報導，甚至估算各類商店在這次祭典活動中，獲利多少。

　　就每年相關的報導數量整理如下：

年　份	起　迄　時　間	報導數量	漢文與日文的數量
1916	6 月 14 日至 15 日	9 則	日文 7 則（日刊 7） 漢文 2 則（日刊 2）

〔註42〕〈霞海城隍廟祭　並開總會　改選理事〉，《臺灣日日新報》第 12639 號，日
　　　　刊 4 版，昭和十年（1935）六月八日。

1917	6 月 28 日至 7 月 3 日	9 則	日文 6 則（日刊 6） 漢文 3 則（日刊 3）
1918	4 月 5 日至 6 月 23 日	23 則	日文 7 則（日刊 7） 漢文 16 則（日刊 16）
1919	6 月 9 日至 6 月 13 日	11 則	日文 4 則（日刊 4） 漢文 7 則（日刊 7）
1920	5 月 20 日至 7 月 1 日	13 則	日文 1 則（日刊 1） 漢文 12 則（日刊 12）
1921	5 月 3 日至 6 月 20 日	14 則	日文 5 則（日刊 5） 漢文 9 則（日刊 9）
1922	6 月 4 日至 7 月 7 日	16 則	日文 7 則（日刊 7） 漢文 9 則（日刊 9）
1923	6 月 11 日至 6 月 30 日	17 則	日文 6 則（日刊 6） 漢文 11 則（日刊 11）
1924	6 月 4 日至 6 月 22 日	21 則	日文 9 則（日刊 5，夕刊 4） 漢文 12 則（日刊 10，夕刊 2）
1925	6 月 8 日至 7 月 9 日	35 則	日文 7 則（日刊 7） 漢文 28 則（日刊 14，夕刊 14）
1926	6 月 10 日至 6 月 26 日	27 則	日文則（夕刊 6） 漢文 21 則（日刊 8，夕刊 13）
1927	6 月 6 日至 6 月 18 日	30 則	日文 10 則（日刊 4，夕刊 6） 漢文 20 則（日刊 9，夕刊 11）
1928	6 月 12 日至 7 月 14 日	40 則	日文 5 則（日刊 2，夕刊 3） 漢文 35 則（日刊 26，夕刊 9）
1929	5 月 26 日至 7 月 20 日	35 則	日文 7 則（日刊 3，夕刊 4） 漢文 28 則（日刊 16，夕刊 12）
1930	5 月 7 日至 6 月 17 日	26 則	日文 6 則（日刊 4，夕刊 2） 漢文 20 則（日刊 8，夕刊 12）
1931	6 月 8 日至 6 月 30 日	17 則	日文 1 則（日刊 1） 漢文 16 則（日刊 9，夕刊 7）
1932	6 月 2 日至 6 月 23 日	18 則	日文 2 則（日刊 2） 漢文 16 則（日刊 12，夕刊 4）
1933	4 月 25 日至 7 月 1 日	26 則	日文 6 則（日刊 4，夕刊 2） 漢文 20 則（日刊 10，夕刊 9）
1934	5 月 8 日至 7 月 6 日	15 則	日文 3 則（日刊 2，夕刊 1） 漢文 12 則（日刊 7，夕刊 5）

1935	3月8日至8月23日	22則	日文2則（日刊1，夕刊1） 漢文20則（日刊11，夕刊9）
1936	4月16日至7月12日	23則	日文2則（日刊1，夕刊1） 漢文21則（日刊14，夕刊7）
1938	5月14日	1則	日文
1942	6月17日	1則	日文宣布廢止
26年合計		449則	日文83則 漢文366則

　　這個統計清楚的說明了霞海城隍廟的祭典會如此有名和盛大，跟新聞報導的數量有關。在長達一個月以上的時間內，不斷的有相關的新聞見諸報端。同樣的新聞會用日文與漢文同時報導，以適應不同族群的讀者。在迎神遶境的當天，或後一天，日刊和夕刊也會相繼的報導。即使在同一天的報紙，在不同的版面出相相關的報導。

　　在這種密集報導的情形下，人們很自然的對霞海城隍祭典留下深刻的印象。儘管當時的印刷品質不好，可是那些見諸報端的迎神照片所散布的信息，如密密麻麻的人群、美麗新式的詩意閣、成堆的金紙等，都會讓人們印象深刻。臺北俗諺：「五月十三人看人」，就是在描述這時代的廟會盛況。

第四節　大稻埕成為臺灣的經濟重心

　　從第八章和第九章的逐年記錄來看，大稻埕從一個臺北小港埠，逐步發展成為可以影響整個臺灣的經濟文化重心。在此，用「重心」而不用「中心」，是考慮到從整個臺灣歷史文化發展脈絡來看，臺南一直居有核心的地位，而臺北的發展史上，大稻埕也是後起之秀，在 1960 年代之後，大稻埕也逐漸衰落，繁華落盡，風光不再。用「重心」兩字，旨在凸顯它的一時一刻的繁華。

　　仔細閱讀八、九兩章，我們不難看出，大稻埕的迎神賽會帶有「擴張販路」的功能。所謂擴張販路，用現代商業術語來說，就是「建立行銷管道」。商人們是如何建立他們的行銷管道呢？在這個擴張販路的過程中，大稻埕商人又居於什麼樣的角色呢？這就跟銷售管道和鐵路運輸有密切的關係。先說臺灣原有的貨物銷售管道。

　　在清代的臺灣社會，原本就有一個地方性的貨物銷售系統。那就是「行

郊」系統。「郊」是一個從事進出口生意的批發店的總稱。這些大批發店，都叫「某某行」。在臺南、鹿港、新竹、澎湖、艋舺、大稻埕、宜蘭等通商口岸都有之。這些大盤批發商從大陸沿海進口貨物，銷售到腹地農村；也由臺灣各地農村蒐購貨物，運往大陸各地銷售〔註43〕。

設在各鄉鎮街市，其性質介乎生產者跟行郊之間的店鋪，叫做「辦仲」。是糖、米、茶、油等大宗物產的交易媒介。不過，這些「辦仲」，有時對於生產者具有一定的權利和義務。不像現代的「掮客」不負任何責任。因此，辦仲也可看成是大盤批發商的一種〔註44〕。

中盤批發商，叫做「割店」，是設在各市街，經營各種貨品批發的店鋪。通常行郊進口的貨品要經由割店，轉售給各地的小賣店（俗稱「文市」，應是「門市」之訛稱）和販仔。

文市亦稱「門市」或「下手」（大中盤商則稱「頂手」），開設在街頭巷尾或市場內，羅列貨品，直接零售予消費者。其它如自購原料、製成商品銷售者，如香鋪、金銀紙店，也是門市，又叫「工夫店」。加工的手工業，如裁縫、染房、金銀樓等，也算門市，通稱工藝店〔註45〕。

販仔是小型批發商。由店採購乾物雜貨等物，肩擔到各街莊，轉售於該地小店鋪，是一種肩挑之行商。販仔不設店鋪，偶然有蒐貨寄棧，憑其信用購買商品銷售之，而後才付款給中盤割店。販仔又稱「走水仔」〔註46〕。

直接售貨給消費者的是「小販仔」，一面行走，一面手搖小鼓，以招徠顧客。不用搖鼓者，則用口呼。這類小販所售者，多係日用雜貨、化妝品、針線等物，最受婦女歡迎〔註47〕。

此外，還有「路擔」，是擺在路邊的攤販。其擺設地點多在廟前或城內附近路旁等人眾聚集之處，俗稱「露店」，多販售點心、乾果等食物〔註48〕。

這個傳統的銷售網路可以整理成這樣的圖表：

〔註43〕 詳見《臨時臺灣舊慣調查會第一部調查第三回報告書》之〈臺灣私法第三卷〉第四編第二章第四節「商人之種類」，1898，頁212。
〔註44〕 〈臺灣私法第三卷‧第四編第二章第四節「商人之種類」〉，《臨時臺灣舊慣調查會第一部調查第三回報告書》，1898，頁213。
〔註45〕 同前註，頁214。
〔註46〕 同前註，頁214。
〔註47〕 同前註，頁214。
〔註48〕 同前註，頁215。

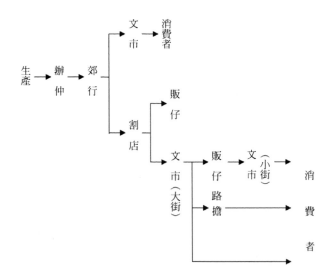

透過上述的行銷管道和網絡，將大陸與臺灣各地的貿易聯結在一起。就臺灣的實際情況而言，由於西部地區的河川流向大致呈平行狀態。每條河流的河口地區形成一個港口，吞吐整個流域中所生產和所需要的貨物（圖10-1）。

圖 10-1　臺灣西岸的河港與自然經濟區

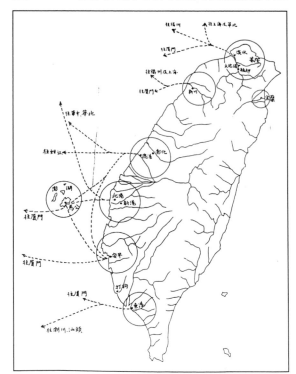

在清代，臺灣的道路系統做得很差，頂多是可通牛車的田間小路而已。以致大宗貨物的運送必需先用河運送到河口港，再由海路運到別個區域的河口港。在這種情形下，整個臺灣西部可以被劃分成幾個自然的經濟地理區，如圖五所示。各個經濟地理區單獨跟大陸沿海各港口從事貿易。

1860 年起，臺灣各河口港跟隨中國大陸沿海口岸一齊步入世界貿易的網絡之中。北部所產的茶爲臺灣的經濟，特別是大稻埕及附近地區，立下汗馬功勞。那時的茶多半由大稻埕，出淡水港，先運往廈門加工，而後再運銷歐美市場。其他的河口港多半仍維持原狀。

臺灣割讓給日本之後，在政治上，臺灣與大陸之間有了一條鴻溝。在割讓初時，對外對內的貿易管道一時並無重大改變。茶葉依然是經由廈門輸往紐約和倫敦。香港興起之後，大稻埕商人組織「香港郊」，從事對香港的貿易。日據之後，香港郊併入原有的廈郊，改稱香廈郊。不但輸出茶葉，也從香港輸入來自上海和日本的布匹。這就是大稻埕棉布批發業的起點。因是新興行業，建立銷售管道就成當務之急。

眞正造成島內貿易和運輸形勢改變的因素有二：其一是河口港的沒落、基隆與高雄兩海港興起；其二是縱貫鐵路的完成。

臺灣西海岸的各河口港，到了 1910 年代，大多難逃淤塞的命運。即使淤塞程度尙可，但水深不能容納現代化的輪船，又無港埠碼頭設備，就無法應付現代的貿易與運輸形勢。航行於大稻埕和淡水之間，由大阪商船會社經營客貨兩用的小蒸汽輪建昌丸，不敵鐵路和基隆港的競爭，在明治四十三年（1910）八月二十三日宣布停航〔註 49〕。從此淡水河上只有原來的戎克船繼續航行。也就難怪我們現在可以看到的大稻埕碼頭照片，只見戎克船，不見有蒸汽輪船。

日人據臺之後，依循劉銘傳撫臺（1885～1891）時的規劃，大力建設基隆和高雄兩港。到這時候，新興的海港逐漸取代原有的河口港，成爲臺灣貨物的總吞吐口〔註 50〕。

配合海港取代河港這一變化趨勢，乃有鐵路之設。鐵路之設也起於劉銘傳。到他離任時，已完成基隆到新竹段。繼任的邵友濂卻把這項工程停了。日人據臺之後，才再繼續南築到高雄。1908 年西部縱貫線全線完工。鐵路的

〔註 49〕 〈建昌丸廢航〉，《臺灣日日新報》，第 992 號，日刊 3 版，明治四十三年（1910）8 月 25 日。
〔註 50〕 戴寶村，《清季淡水開港之研究》，臺北市：師大史研所，1984 出版。

興建不僅聯繫基隆和高雄兩港，更重要的是打破以往自然地理上的障礙，把西海岸幾個經濟地理區串聯在一起（圖 10-2）。在這樣的外在條件下，1920 年前後各大城市商人頻頻利用各種建醮賽會機會，促銷商品，就顯示出相當重要的訊息。這個訊息直接關係到大稻埕如何成為臺灣的經濟中心，以及當河口港沒落之後，原本是河口港的大稻埕又如何維持原有的經濟中心地位，甚至更發展成為整個臺灣的經濟中心。

　　鐵路的完成，打破了原先地理上的障礙，使得人們有機會到外地走走。以客運而言，日本人初據臺灣的時候（1898），全年有旅客四十萬人次；到明治四十一年（1908 年），縱貫鐵路完成時，全年旅客人數就高達兩百六十萬人次。〔註51〕在 1910 年代，全年載運旅客人數，從四百萬人次逐年上升到八百萬人次。1920 年的載客人數從前一年約九百萬人次躍升為近一千二百萬人次。很顯然是受那一年的宗教活動影響所致。

<h3 style="text-align:center">圖 10-2　縱貫鐵路將各自然經濟區串連起來</h3>

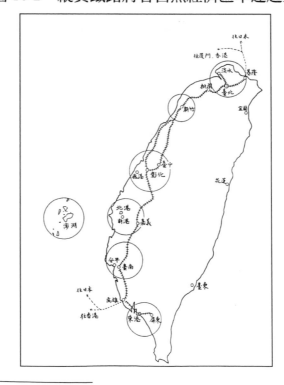

〔註51〕臺灣總督府鐵道部，〈旅客及貨物累年比較〉，《臺灣鐵道史・下卷》，1910 年出版，頁 206。林熊祥、李騰嶽監修，《臺灣省通志稿・經濟志・交通篇》，臺北市：臺灣省文獻委員會，1958，頁 115。

　　簡單的說，當河口港沒落、海港時代來臨，與縱貫鐵路完成等條件的影響下，原有的幾個經濟地理區域逐漸開始融合成爲一體，原先區域性的銷售管道也就逐漸蛻變成全島性的銷售網路。爲抒解一時之困而舉行的迎神賽會，可以刺激一時，醮會一過，繁榮景象也隨風而逝，對全島性的銷售網路的建立助益不大。唯有經常性的迎神賽會才能發揮促成臺灣演進成爲一個經濟整體的功能。這種常設性的迎神賽會中最重要者，當首推大稻埕的霞海城隍祭典。因此，每年霞海城隍祭典的前後三天，基隆到中壢之間要加開臨時列車。最多的一年是在 1927 年，一共加開十班加班車。

　　同時，每年都會報導這三天裡，進出臺北車站的旅客人數。1899 年，火車只通到基隆，因此從基隆、水返腳和錫口三站乘火車前來大稻埕的人數是 1679 人。1902 年，鐵路通到淡水和新竹。從新竹來的乘客只能在艋舺站下車。報証只登廟會三天時間內的收益情形，沒有乘客人數。1906 年，從基隆、中壢、淡水之間乘車的旅客人數，一共是 4,627 人。

　　西部縱貫線鐵路是在 1908 年完成。是年只有含糊籠統的報導說：「況鐵道全通，……，來觀者諒比平常往年更進一層云。」〔註52〕1909 年的三天祭典期間，外地來臺北的乘客估計有六千人左右。1911 年的報導，只計算兩天的乘客，有 8,157 人。1918 年，報導了火車票有折扣優待，沒有具體的人數。

　　1924 年搭乘火車來臺北看廟會的人更多。三天廟會裡，在臺北車站下車的乘客有 33,766 人，上車的乘客有 27,012 人。共有 60,778 名乘客進出臺北車站。

圖 10-3　第二代臺北車站（1901～1939）

〔註52〕　〈城隍賽會〉，《臺灣日日新報》第 5414 號，明治四十一年（1908）六月九日。

　　1926 年，祭典前後三日裡，臺北車站的下車乘客有 44,936 人，上車的乘客有 39,216 人。〔註53〕共有 84,152 名乘客進出臺北車站。

　　1927 年，三天廟會期間，基隆、中壢之間增開十班臨時加班車，一共有 84,644 人進出臺北車站。

　　1928 年在三天廟會進出臺北站出入的乘客人數是 84,296 人。1929 年只報導頭兩天的乘客人數是 52,787 人。此後乘客人數逐漸下降。到了 1933 年，上車有 25,939 人，下車有 36,264 人，合計是 52,787 人。

　　從以上簡單的數據排列，我們可以清楚的看到，搭火車來臺北看熱鬧是一個漸進的趨勢。而且很早就展現它的影響。以大正二年（1913）的霞海城隍祭典來說，《臺灣日日新報》上的報導充分地說明了變化的形勢。是年 6 月 17 日報載：「稻江霞海城隍將以本日循例恭迎繞境。茲聞本年各種設備尤周。日來遐邇善信，霧集雲屯，市中極爲雜沓。因此，大小商鋪一層活躍，店員俱覺忙個不了。」19 日報載：「日日北上列車滿載，稻艋旅館幾於無處容身，市上行人十倍百倍平日。」21 日的報紙更詳細的分析商業情勢：

> 稻江霞海城隍賽會受所損者，乃附近之居民。最利者，唯稻江之商業。壹各商店之概況如左：
>
> 布商：各布商至賽會之際，例年收入額，較諸平日加十、八倍。……
>
> 籤舖：籤舖之賣出，非如布店之巨宗貨物。布店揀買者概係遠客及
> 　　　各鄉村。籤舖即係各商行及住家之購入，以供客者。前後三
> 　　　日間收入額比平日差有十倍。……蓋因籤舖皆必需之貨物，
> 　　　非布帛所能比也。
>
> 雜貨：購買雜貨，非遠客，亦非在住人家，多在附近各村落。或者
> 　　　中南部之來觀者，概係購買綢緞。雜物則各地俱有。在住人
> 　　　家亦非必要時期。故購買者，均係各村人。各舖收入比平日
> 　　　加有五倍。〔註54〕

　　根據這段報導，加上大稻埕耆老們的口述，我們約略的可以拿大稻埕，或廣泛一點的來說是臺北市，爲中心點，劃出三個同心圓來。

〔註53〕〈城隍廟祭ぞ鐵道乘降客〉，《臺灣日日新報》第 9391 號，夕刊 4 版，大正十五年（1926）六月二十六日。

〔註54〕〈城隍賽會及商況〉，《臺灣日日新報》，4685 號，大正二年（1913）6 月 21 日。「敢舖」原文「敢」爲上竹下敢，類似「籤」，現已不使用此字。

圖 10-4　以臺北為中心的三個同心商業圈

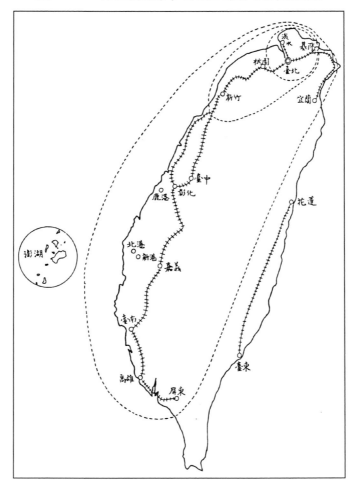

　　在最內層的圓圈是以雜貨為交易主體。所謂雜貨，當係指各種日用貨品而言。在大稻埕和艋舺的居民平時可以很方便買得。但對淡水河流域，乘小船可以到達的範圍內的各村莊居民來說，平日小販所能供應的貨色有限，乘廟會之際，上一趟臺北批發市場，可以買到許多平日不易買到的日用貨品。因此，每逢霞海城隍誕辰祭典前後，淡水河流域各村莊居民都趁進香之便，到大稻埕來，採購可以貯存一些時日的日用貨品，以致「各舖收入比平日加有五倍。」在這種情況下，臺北（大稻埕）自然而然地成為臺北盆地（淡水河流域）的經濟核心地帶。

　　第二個圓圈是以銷售待客用品為主，承購對象大部分是小賣商店和一般家庭。由於鐵路的開通，從新竹到臺北的旅程可以一日來回，因此，據耆老

們所說，前來批貨的小賣商店可以遠達新竹，所以，這個圓圈的範圍涵蓋了
新竹以北的臺灣北部地區。

第三個圓圈則是以批發布匹、綢緞爲主。那時候臺灣一般居民對於衣著的
要求相當節儉，中南部的布匹綢緞市場也不能算大，中南部的布商、綢緞商只
需年進貨一次，就可以應付一整年零售所需。在這種情況下，一年一次的霞海
城隍祭典對臺北的大盤批發商和中南部的中小盤零售商有特殊的供獻。對臺北
的大盤批發商說，他們從香港和日本進口布匹綢緞，到基隆上岸再由鐵路運到
大稻埕，然後藉賽會之便，招待來自中南部的小賣零售商宴飲、玩樂，也做成
一年一度的買賣，把零售商所批購的貨物再經由鐵路，運送到中南部各地。對
中南部的零售商來說，他們反正是要上臺北批購貨物，趁祭典賽會時到臺北走
一趟，既做生意，也享受大盤商所提供的宴飲和迎神賽會時所特有的歡樂氣氛。
這些世俗的交易和宴飲活動都在「城隍誕辰」這項神聖象徵庇護下進行。

這類結合鐵路的商圈模式，至今仍然繼續運作中，而且是臺灣的內需市
場重要的一環。除了臺北車站之外，位於臺北市老市區的萬華、松山火車站
也有類似的交易市場。臺北後火車站是全臺灣高級成衣的批發市場，萬華火
車站的商家以批發中級檔次的成衣爲主，松山火車站以年輕人流行的平價服
飾爲大宗。這三個火車站之中，以臺北車站的批發種類最多，除了成衣之外
還批發其他商品，如迪化街的中藥、南北貨與布料；重慶北路與華陰街的成
衣、皮包、首飾與化妝品；漢口街的攝影器材、視聽器材與醫療儀器。最有
趣的現象，就是這三個火車站都有香火旺盛的廟宇（萬華火車站前的龍山寺、
松山火車站的慈祐宮），將傳統信仰與現代商業結合在一起。

透過這樣世俗和神聖兩種層面的交互運作，霞海城隍祭典在短短數十年
中，躍升成爲全臺灣最重要的宗教祭典。藉著鐵路的完成，打破了以前各自
獨立的自然經濟地理區疆界，融合成一個新的整體。這種整體就是今天我們
所熟知的「臺灣社會」。臺北（大稻埕）也就理所當然的成爲這個新社會的核
心樞紐。

第五節　竹枝詞與膠彩畫

昭和九年（1935）這一年突然出現許多竹枝詞。文人墨客涉入，才是霞
海城隍的重頭戲。它不再是民間的宗教儀式而已，已經上升到文化的層次。

只是「夕陽無限好，只是近黃昏」。再過一年，時局緊張，日本軍國主義窮兵黷武，一步一步走向戰爭。在這種大環境之下，再盛大的祭典也會面臨被迫停止的命運。

一、黃純青在六月十七日《臺灣日日新報》日刊第12版「詩壇」上發表他的詩作，題爲「聞稻江先覺者近將經織生活改善會，曾有提議迎城隍陋習矯正之事感賦」：

> 男裝鬼臉女裝囚，行列參加路上遊。
> 現象如斯眞可怪，此風不改島面羞。
> 八爺身短七爺長，巷尾街頭暗訪忙。
> 神將搜人懲作惡，怪他惡漢科城隍。
> 十里蜿蜒長陣誇。管絃子弟競參加。
> 願移西皮福祿力，共執干戈護國家。
> 香案家家頂禮虔，滿街灰蝶舞翩翩。
> 多燒金紙神無用，霞海城隍不愛錢。

二、謝尊五也在在六月二十四日《臺灣日日新報》日刊第12版「詩壇」上發表他的詩作「稻江迎城隍竹枝詞」：

> 稻江香火盛年年，霞海城隍賽會天。
> 共說東瀛推第一，殺牲陳酒費金錢。
> 陳頭停午集龍峒，黃紙牌書路始終。
> 藝閣却含詩意味，欲教觀客豁心衷。
> 尊神花轎八人扛，戴願村民集稻江。
> 搖擺高低來謝范，蜿蜒旗鼓列雙雙。
> 更嗤陋習不能除，披髮帶枷仍自如。
> 一路灰諧眞絕倒，探親公子假騎驢。

三、謝雪漁在六月二十八日的「詩壇」發表「稻江迎城隍竹枝詞」：

> 遠近車來驛滿員，多因還願擲金錢。
> 就中也有風流客，伴著情人飲福筵。
> 暗訪簡單前幽宵，神輿出境十三朝。
> 旌旗鼓樂多軒社，鬥巧爭奇奪錦標。
> 少女輕盈貌似花，衣裙清楚坐臺車。
> 儘教別樣翻詩意，廣告何妨爲自豪。

增華蹲事各傾囊，為策繁榮此地方。

牲醴神前羅列滿，可知貧有典衣裳。

四、六月二十八日「詩壇」有兩篇同題的詩作：一篇是黃純青所作的「稻江迎城隍」：

歲歲稻江五月天，城隍祭典禮尤虔。

昭和聖代民安樂，一曲昇平奏管弦。

繡旗樂隊列街頭，繞境神輿次第遊。

千架紙枷焚得好，今年不見有囚裝。

軒社標名競短長，爭寄鬥巧費思量。

陣頭改善隨時勢，故事宜裝桃太郎。

波興人海望悠悠，士女如魚一貫游。

尤是警官勞苦甚，交通整理立街頭。

五、另一篇作者李悌欽：「稻江迎城隍」

神輿循例繞街遊，奉迓龍峒集陣頭。

香客中南來士女，汽車添輛不勝收。

燦行神佛競登場，香篆氣氳結瑞光。

設醴陳牲誠一點，萬家頂禮拜城隍。

不妨設□藉神靈，感化無形亦有形。

披髮帶枷遵古制，三年放免孰求刑。

競爭旗鼓自堂堂，軒社籌謀太覺忙。

藝閣嬌娃花解語，深含意味似詩意。

五、七月二日　在《臺灣日日新報》日刊第8版的「詩壇」，又有吳金上所作的「稻江迎城隍」：

金錢拋擲鬥豪華，賽會迎神客滿家。

詩意閣臺粧點妙，旌旗鼓樂列長蛇。

神龍過後接神獅，天矯咆哮見妙姿。

欲展工夫須僻處，莫教行列去遲遲。

軒社紛紛競短長，為爭體面破堅囊。

幸無福祿西皮禍，力用金錢不用強。

十分期待一年中，稻市繁華益擴充。

矯角殺生知不可，精誠神意總能同。

七、同日「詩壇」有署名「伯漁陳其春」者，發表「稻江迎城隍竹枝詞」：

　　威靈濯赫冠全臺，士女如雲撥不開。
　　共說迎神眞熱鬧，欣看五月十三來。
　　香花牲醴兩邊排，宴戚呼朋遍六街。
　　鼓樂蜿蜒行不斷，當先高捧路關牌。
　　聰明正直沒爲神，除暴安良庇庶民。
　　傳語暗中虧行者，媚神畢竟福難臻。
　　習俗相沿不易除，潛移默化奈徐徐。
　　金錢浪費歸何處，妄想禎祥屬子虛。

八、七月四日「詩壇」有倪炳煌發表「稻江迎城隍」：

　　何時霞海降神來，香客爐前擁不開。
　　賽會年年期五月，虔心信仰遍三臺。
　　神輿繞境爍行時，鼓樂聲中列錦旗。
　　踵事增華裝藝閣，個人團體□新奇。
　　裝鬼裝神不謂宜，何妨警世藉陰司。
　　性嫌輒近流迷信，惹□時人共笑癡。
　　如因頸掛舊時枷，白黑衣裳行列加。
　　陋習欲除今未晚，矯風全仗有心家。

九、七月六日的「詩壇」刊出謝雪漁三篇詩稿，其中一篇題爲「稻江迎城隍」：

　　一市遊人積不開，酬神信欲各輕財。
　　就中却有風流客，伴著卿卿飲福來。
　　村人行路夜連朝，不乘諸車不乘轎。
　　未畢隨香三載願，燈旗金紙一籃挑。
　　少女輕盈乳似花，佩環衣履爛明霞。
　　儘教別樣翻詩意，廣告無妨爲自家。
　　許多軒社競傾囊，爲策繁榮此地方。
　　牲醴神前羅列滿，可知貧有典衣裳。

這篇詩作跟謝雪漁在六月二十八日的「詩壇」所發表的「稻江迎城隍竹枝詞」
多有雷同。

　　十，七月八日的詩壇同時刊出兩篇「稻江迎城隍」的詩作。一篇是林清

敦所作。林清敦是 1935 年金同順崇神會的總董事。他的詩作如下：

> 稻江蒲月十三天，賽會城隍又一年。
>
> 牲醴燭香金紙具，廟中趨拜各心虔。
>
> 敬神軒社有真誠，花樣爭翻出燦行。
>
> 萬眾圍觀多炯眼，孰為優劣付公評。
>
> 滿臉青黃赤白烏，是人是鬼太糊塗。
>
> 即今昭代敷文化，惡俗先宜淨首都。
>
> 旌旗金鼓鬧通宵，故事粧成少女嬌。
>
> 廣告卻嫌無雅趣，改良詩意得名標。

十一、同日，另外一位作者是高文淵，作品如下：

> 或步或車魚貫行，隨香士女各心誠。
>
> 癡兒笑指蜈蚣閣，錯認前宵暗訪迎。
>
> 形形色色見迷離，擊鼓搖旗又弄獅。
>
> 利用陣頭資廣告，卻將詩意競新奇。
>
> 車聲人影亂斜陽，為鬼為囚稍改良。
>
> 郎自祈安儂補運，神前默默薦心香。
>
> 頭上黑雲涼意茲，神威滌暑雨淋漓。
>
> 歸家聽得山妻問，孰賞金牌優勝旗。

十二、七月十二日的詩壇又刊出張瀛洲作的〈稻江迎城隍〉：

> 阿母屠牲泡酒漿，鏡臺坐對理新粧。
>
> 兒家一夜多忙碌，欲趁明朝上早香。
>
> 日中雜沓去來艱，賽願兒家□曉間。
>
> 行到廟時人已滿，插香端賴有了願。
>
> 淨的碗箸與杯匙，努力聊分母氏疲。
>
> 過午神輿繞出境，招邀姊妹看多時。
>
> 軒社旌旗鬥麗華，年中行事倍加誇。
>
> 阿兄素日交遊廣，未到燈□客滿家。

　　一共有十二首，題目都是「稻江迎城隍」。就內容而言，有兩個重點。其一是描寫祭典的盛況，特別是在廟前燒香的擁擠人潮，以及家家戶戶宴客的忙碌情形。其二是依據時下的改革呼籲，指責「塗抹臉譜的八家將在裝神弄鬼」、「戴紙枷以示贖罪」等現象為惡俗。連負責祭典的總董事林清敦也持相

同的批判立場。

　　詩與竹枝詞的出現，表示這個活動已經深入人心，連平日不食人間煙火味的文人墨客也都開始注意這個活動，而且是朝社會上層的知識分子發展。

　　除了詩品之外，繪畫也是朝精緻文化方向發展的表徵。郭雪湖的「南街殷賑圖」（南街最大的熱鬧）也是以大稻埕霞海城隍祭典為主題。作畫的時間是 1930 年。用膠彩畫在絹上，得到第四屆的台賞獎。

　　郭雪湖（1908～2012）生於臺北大稻埕蕃仔溝，本名金火。擅長寫生，題材多為旅遊風物，水墨、彩墨、膠彩兼治，色彩樸拙而不華麗。旅日時期的畫作以瓶花為主，典雅富麗。旅美時期的畫作色面簡潔濃艷，氣度恢宏。1930 年的作品「南街殷賑」，郭雪湖用誇張、戲劇化手法，描寫大稻埕霞海城隍廟節慶時的熱鬧景象。圖中，廟口擁擠的市井小民忙碌紛擾，五彩繽紛的招牌遠近林立，不但有日本人回「內地」所需購買的台灣特產禮品店，也有中國的藥材店，由此可見當時台灣商圈的繁華多元，全圖也充滿社會現實性及視覺趣味性。只是他把二層樓房疊了起來，成為三、四層樓，把商店的招牌畫在每一個可以落筆的地方。誇張的效果十足，只是偏離了事實甚多。